ダイセル式生産革新は
こうして生まれた

21世紀のモノづくりイノベーション

著：松島 茂（東京理科大学大学院 教授）
　　株式会社ダイセル

化学工業日報社

推薦の言葉

　当社は、2004年に徳山工場、水島工場の認定保安検査者認定取り消しという事態を発生させてしまった。その現状を把握してみると、「固定費削減を理由にした設備老朽化の放置」、「自信がなく部下の指導ができない部課長と、事なかれ主義で改善提案しない部下」という実態が見えてきた。

　現場は疲弊し切っていると感じた。

　どんなによい製商品を開発しても、短期でお客様が満足するものを届けられるように品質まで作り込める柔軟な対応力を持った現場が必要であり、それなくして当社の目指す社会貢献もできない。このままでは、変化の激しい時代に生き残れないという強烈な危機感を感じた。これまで当社は、TPM（Total Productive Maintenance）やTQC（Total Quality Control）などの運動を導入して現場の改善に取り組んできたが、継続されずにいつの間にか疲労感だけが残っており、このような従来の運動に基づく仕組みそのものを変える必要性を感じていた。

　何とかこの状況を打破するために、風土から改革し、継続可能な方法を探していたところ、「ダイセルさんがすごい化学工場を作り上げている」ということを聞きつけた。早速、網干工場を見学させていただき、最初は部課長やスタッフのみで負荷を下げていくというダイセル式の説明を聞いて「これだ！」と思った。自分たちが到達したい姿が夢ではなく現実にそこにある、できない理由はない。直ぐに推進体制を準備させ、小河（義美）先生のご了解を得る前に全社組織を立ち上げてしまった。現場には「金は出すから知恵を出せ」と言い、負荷低減だけを指標として進めさせた。目標値を設定しないことで、自ら考える風土改革に繋げたかったのだ。

(3)

トップダウンで始めたとはいえ、「全体最適を目指す」＝「皆が少しずつ我慢をする」ということだから、社内に軋轢を生じた。皆、自分のところのやり方が一番だと考え、それを変えることに抵抗するので、推進者は調整に苦労していたと思う。しかし徐々に、ありたい姿を描き原理原則による思考力が鍛えられ、課長をはじめとした現場が自分たちで考えるようになり、改革が進むようになったのだ。

　幸いにも当社での活動は上手く回り始めたが、ダイセルの皆様の支援がなかったら頓挫していたのではないだろうか。ましてや前例がない中で手法を確立しながら進めたダイセルの皆様の御苦労はいかばかりかと思っていたが、その源流が本書に描かれている。そこには、我を捨て社全体のために、ひいては日本の化学産業のために頑張り抜いた熱い思いが語られていた。その思いのお蔭で当社も団塊世代というベテラン層が一気に抜けていく不確実性の高い環境の中で、大過なく生き抜いてこられたのだと感謝している。

　本書では、その具体的な手法が、机上の理論ではなく悩みながら模索した実例をもとに説明されているので、十分に理解できるようになっている。さらに、この生産革新を起点として、本社間接部門、物流部門の改革に至る手法やその考え方にも言及されている。

　同じ悩みをもつ装置産業の皆様の必読の書であると確信し、推薦する次第である。

2015年12月

日本ゼオン株式会社
代表取締役会長　古河直純

まえがき

　本書は、ダイセル式生産革新がどのように生まれ、業務革新に展開していったかについて、当事者のオーラル・ヒストリーをもとに再構成したものである。

　「ダイセル式生産革新とはなにか」については本書の解説で詳しく説明されているが、一口でいえばプロセス型産業における生産革新である。

　組立型産業における生産革新といえばトヨタ生産方式が広く知られており、自動車産業以外の組立型産業においても展開されている。しかし、化学的、物理的、機械的な操作で生産され、原料から最終製品までプロセス（配管、塔槽類）の中で形状が変化するプロセス型産業の生産革新については、組立型産業とは異なるアプローチが必要である。ダイセル式生産革新は、セルロイド産業に淵源を持ち、長い歴史を持つ化学企業である株式会社ダイセルにおいて生み出され、実践された生産革新である。

　1990年代半ばのダイセル網干工場では、大量の定年退職を目前にして、ベテラン作業者の技能をいかに後輩に伝承するかという課題に直面していた。また円高が加速する中で国際競争力の強化が従来にも増して一層求められ、国内生産拠点の位置づけが問われていた。さらに就業者の意識が多様化し、製造業離れが進む中で、現場ではやらされ感、多忙感が増し、品質の改善や生産性向上の取り組みに停滞が生じていた。

　このような危機感を背景として、1990年代半ば、「21世紀のあるべきモノづくり」を目指して、従来の延長線上にはない、新たな切り口での革新的な取り組みが必要という小河義美氏（当時、網干工場生産部酢酸セルロース課部員）の考えに賛同したミドルマネージャーが中心となり、業務

(5)

時間外に自主的に集まり、検討が始まった。これが後に生産革新として結実し、業務革新へと展開していく活動の源流であった。

革新には摩擦が伴う。ダイセルの場合も、生産革新、業務革新に至るプロセスは必ずしも平坦な道ではなかった。これを乗り越えていったのは、リーダーの先を見通した周到な戦略と関係者全員の革新を成し遂げるという熱意に裏打ちされた努力であった。

本書では、オーラル・ヒストリーの手法によって、このプロセスを明らかにしようとしている。インタビューをお願いしたのは、小河義美氏（現 取締役常務執行役員 生産技術本部長）、安藤隆彦氏（現 常務執行役員 姫路製造所長兼網干工場長）、馬場孝治氏（元 代表取締役専務執行役員 生産技術本部長）および小島昭男氏（現 研究開発本部本部長補佐兼同本部機能フィルム事業化推進室長）の4名である。インタビューの日時は、小河義美氏：2009年8月24日16時〜17時30分および2009年11月30日15時〜18時、安藤隆彦氏：2010年7月7日9時20分〜12時、馬場孝治氏：2010年7月7日13時〜15時40分、小島昭男氏：2010年2月8日15時〜17時15分である。インタビューでは、入社前のこと、入社後の経歴に至るまで詳しく伺っているが、本書に収録したのはその一部である。多忙な時間を割いてインタビューに応じていただいた4人の方々、また本書のとりまとめにご尽力いただいた小園英俊氏（現 有機合成カンパニー生産統括室大竹生産センター長）には、この場を借りて厚く御礼を申し上げたい。

今日、ダイセル網干工場には、ダイセル式生産革新に学ぼうとする多くの企業が見学に訪れている。しかし、それを自社の革新に活かすためには、完成された姿を外から見るだけでは十分ではない。ダイセルの生産革新、業務革新のプロセスで、これに携わった群像は、何を考えて、どのように行動したかを理解することが必要である。

本書が、日本のモノづくりの将来を考える人々の参考になれば、望外の幸せである。

　2015年12月

東京理科大学大学院教授

松島　茂

【インタビュー対象者　略歴】

小河 義美（おがわ よしみ）

1983年4月	ダイセル化学工業株式会社（現 株式会社ダイセル）に入社
1997年4月	次世代型化学工場構築プロジェクト推進室長
2000年6月	生産技術本部生産革新センター所長
2002年4月	業務革新室長 兼 生産技術室生産革新センター所長
2006年6月	執行役員 特機・MSDカンパニー副カンパニー長 兼 同カンパニー播磨工場長
2009年6月	執行役員 生産技術室長
2011年6月	取締役 執行役員 生産技術室長
2013年6月	取締役 常務執行役員 生産技術室長
2014年4月	取締役 常務執行役員 生産技術本部長

馬場 孝治（ばば たかはる）

1964年4月	大日本セルロイド株式会社（現 株式会社ダイセル）に入社
1990年6月	取締役 堺工場長
1992年2月	取締役 網干工場長
1993年6月	取締役 姫路製造所網干工場長
1994年6月	常務取締役 姫路製造所長
1997年6月	常務取締役 生産技術本部長
2000年6月	代表取締役 専務執行役員 生産技術本部長
2005年6月	退任

小島 昭男（こじま あきお）

1987年4月　ダイセル化学工業株式会社（現 株式会社ダイセル）に入社

1995年3月　網干工場生産部生産グループ

2003年7月　セルロースカンパニー生産統括室副室長

2008年7月　セルロースカンパニー生産統括室室長

2014年7月　セルロースカンパニー副カンパニー長

2015年2月　研究開発本部本部長補佐 兼 同本部機能フィルム事業化推進室長

安藤 隆彦（あんどう たかひこ）

1977年4月　ダイセル株式会社（現 株式会社ダイセル）に入社

1991年3月　エンジ姫路分室主任部員

1998年3月　エンジニアリンググループ網干駐在主任部員

2002年4月　網干工場製造技術部長

2008年7月　網干工場副工場長

2012年6月　網干工場長

2013年6月　執行役員 姫路製造所長

2015年6月　常務執行役員 姫路製造所長 兼 網干工場長

目　　　次

推薦の言葉 …………………………………………………………… (3)

まえがき ……………………………………………………………… (5)

第1章　生産革新の序奏
　　　　～網干工場操業管理システムの導入～ …………… 1

◎ 小河義美氏に聞く

生産部の仕事とは…………………………………………………… 3
二つの特命テーマ…………………………………………………… 4
現場のノウハウを活用、共有化へ………………………………… 6
生産革新への風土づくり…………………………………………… 10

第2章　生産革新の取り組み……………………………………… 13

（1）小河義美氏に聞く

工場将来構想の提案………………………………………………… 15
若手メンバー（8人の侍）による勉強会"Forward会"……… 16
プロダクションセンター構想プロジェクトの頓挫……………… 19
次世代型化学工場構築プロジェクト（R21）開始……………… 20
8人の侍、プロジェクトに臨む…………………………………… 22
プロジェクトに対する反応………………………………………… 24

「行動をカエル」－3S …………………………………………… 26

生産革新を進めるためのポイント……………………………… 29

生産革新プロジェクト開始………………………………………… 31

革新を後押し－経営トップの決断……………………………… 32

(2) 馬場孝治氏に聞く

工場将来構想ができるまで………………………………………… 35

工場基盤の強化策－生産性向上と固定費削減…………………… 36

工場将来構想コンペを経て－機能別運営案実行へ……………… 39

R21プロジェクト始動……………………………………………… 40

R21プロジェクトの完成…………………………………………… 42

R21プロジェクトの反響－各社共通の課題が見えてきた……… 45

若手社員を信頼する－自主勉強会の熱意………………………… 46

工場をよくしたい－工場長としての取り組み…………………… 47

人材育成は上司の意識から………………………………………… 50

活気ある組織へ－現場をよく知る……………………………… 51

(3) 小島昭男氏に聞く

Forward会での議論(1)－新事業開発について …………………… 55

Forward会での議論(2)－工場将来構想に一本化 ……………… 57

基盤整備活動－もう一回現場に帰ろう…………………………… 59

所属部門を越えて見えること……………………………………… 62

クロス・プロジェクト－工場全体を見る視点…………………… 64

(4) 安藤隆彦氏に聞く

プロジェクトメンバーに入ったきっかけ………………………… 69

やるべきことがわかっていなかった……………………………… 71

(11)

P&IDの統一化 ……………………………………………… 73

R21推進室、発足……………………………………………… 75

統合生産システム構築の苦労……………………………… 76

優秀な人間を集める
　　－緻密さ、発想力、忍耐力、知識、理解力……………… 79

各エリアのシステム統合の勘所を押さえる……………… 82

IPCに統合への課題を模索－ピンチ解析によるメリット ……… 84

幅広く工場内を見る－統合生産システムと人材育成………… 87

第3章　生産革新〜統合後の取り組み

全社展開、業務革新へ……………………………………… 93

◎　小河義美氏に聞く

全体最適のための業務革新－全社ビジネスフローを見直す…… 95

業務革新室を新設……………………………………………… 97

物流会社の改革－改善の果実をみんなで味わう………… 99

営業部署に求めた変化……………………………………… 101

活動を計画的に遂行………………………………………… 102

ダイセル式生産革新－同業他社への展開………………… 103

あとがき ……………………………………………………… 107

解説－ダイセル式生産革新について ……………… 109

1．はじめに…………………………………………………… 111

2．生産革新の必要性……………………………………… 111

3．「ダイセル方式」の切り口 ……………………………… 113

(12)

3－1．「人」を中心にした革新活動 ………………………… 113

3－2．生産革新の改善ポテンシャル……………………… 114

3－3．全体最適化の範囲…………………………………… 116

3－4．上からカワル（ミドルの役割）…………………… 118

4．ダイセル方式とは……………………………………… 119

4－1．第0段階（必要性の確認）………………………… 119

4－2．第1段階（基盤整備・安定化）…………………… 120

4－3．第2段階（標準化）………………………………… 121

4－4．第3段階（システム化）…………………………… 123

5．「生産革新」の成果 …………………………………… 123

6．「生産革新」からの展開 ……………………………… 125

7．おわりに……………………………………………… 126

第1章

生産革新の序奏

~網干工場操業管理システムの導入~

ダイセル網干工場において、1980年代から1990年代前半は、主力製品群の増産計画や製法転換など、大型投資案件が目白押しであった。
そのため、全社から技術者が集められた。

その中に、工場の商品構造を憂い、将来に危機感を感じていた若手技術者が少なからずいた。
30代半ばの一主任が、有志を募り、勉強会を始めたことが、その後の一大改革に繋がっていった。

しかし、一主任一人で改革をなしえたのではない。経営トップの決断、同僚や上司との団結、現場作業者の参画がなければ実現しなかった。

本書は、それぞれの人生において、歩んできた道があるとき、どのように織り成し、一本の強固な束となったのかを、それぞれの口述に基づき、表現したものである。

2000年に、ダイセル式生産革新の象徴ともいえる統合生産センターが網干工場に完成し、知的統合生産システムによるオペレーションがスタートした。時代は遡り、1997年の次世代型化学工場構築プロジェクトの発足、1995年の機能別センター化構想構築プロジェクトの設置を飛び越し、一主任が、網干工場に転勤してきた1992年に時間を戻す。

一主任が、ダイセル大竹工場の労働組合大竹支部執行委員長を退任し、ダイセルの主力製品である酢酸セルロースを製造する現場の技術スタッフとして、1992年に網干工場に転勤したころから物語を始める。

2

《小河義美氏に聞く》

◎生産部の仕事とは

松島　網干工場に来られてからの話を伺っていきたいと思います。

　　　網干工場に転勤して来られたのは1992年ですけれども、網干工場の
どういう部署に異動されたのでしょうか。

小河　網干工場生産部の酢酸セルロース課の部員です。技術スタッフとし
て、大竹工場の労働組合大竹支部執行委員長を退任した後、網干工場に
転勤してその部署に着任しました。

松島　生産部は工場組織の中で、現場ではなくて工場長のスタッフみたい
なものですか。

小河　生産部は現場です。現場の生産スタッフになります。生産部の中に
生産課が幾つかあり、その中に酢酸セルロースの製造課もありまして、
そこの部員という形で着任しました。

松島　部員の仕事内容はどういう仕事になるのでしょうか。

小河　基本的には、生産の改善や、開発品の工業化検討を研究所のメンバー
と一緒になり、生産部の受け手として製造移管に従事したりする仕事で
す。しかし、私は特命テーマを担当するということで配属になりました。

松島　ラインではなくてスタッフ職ですね。

小河　スタッフ職です。

松島　いま、技術のことをおっしゃいましたけれども、これは生産技術な
のでしょうか、製品技術なのでしょうか、製造技術なのでしょうか。

小河　当時はそういう分類はなかったですけれども、あえて分類すると製
造技術です。

3

松島　一応レシピは決まっている。

小河　ある程度は決まっています。ただ、工業化の最終段階では研究所や開発センターも生産部と一緒になって、レシピの最終確定をしていきます。プラントの設計因子や、運転管理や設備管理の因子など、クリティカルな管理条件だけでなく、最適な管理項目を決定する工業化に必要な因子を生産側も入って、詰めていくのです。化学工業の場合は、開発ではラボ＆フラスコスケールから、ベンチパイロット、さらにはセミコマーシャル・プラントまでで処方を組み上げてきていますが、最終的には生産側も入り、コマーシャルプラントでの量産化の処方を詰め、スケールアップの仕上げまでもっていきます。そのために、実機で試運転・試作を行い、初期流動も双方で確認し、現場への移管を完了します。

松島　生産部側の検討メンバーは単なる作業者（オペレーター）ではなくて技術者ですね。

小河　そうです。実機による試運転では、オペレーターの視点による気付きも大切な改善点になりますので、現場の総力であたります。

松島　何人ぐらいスタッフはいらっしゃるのですか。

小河　テーマによって年度ごとに研究要員は決まりますが、当時は生産現場における技術スタッフは少なく、酢酸セルロースの製造課で2〜3名だったと思います。

◎二つの特命テーマ

松島　生産部部員としての小河さんの仕事はどういうことだったのでしょうか。

小河　「酢酸セルロースの製造研究」という研究テーマでしたが、最初は「操業管理システムの開発」、その後「現業改善」と、二つの特命テーマを担当することになりました。

　これらのテーマは、当時の工場長の馬場孝治さんのお考えによるもの

第1章　生産革新の序奏～網干工場操業管理システムの導入～

で、馬場さんは長年網干の生産や設計に携わられ、当時、網干工場で実行されていた大規模増産を完遂するため、堺工場長から網干工場長に着任されておられました。他工場から技術スタッフを集められ、基本に立ち返り、現地現物主義で、現場解析を徹底し、主力事業の改善を実施するため、二つのテーマ設定で改善とミエル化をサイクリックに廻そうと考えられたと理解していました。

松島　工場長は馬場さんですか。酢酸セルロースは品種も多いのですか。

小河　生産品種も多数ありますが、原料は天然のパルプなので、パルプ種による差がないように処方を整えなくてはいけません。

松島　原料のほうにバリエーションがあるということですね。

小河　はい。その都度、プロセスの条件やレシピをきめ細かに調整し、物質収支や熱収支を管理しなければいけません。また酢酸セルロースのプラントは多系列多工程の大規模プラントなので、ITを駆使した情報処理の仕組みである操業管理システムを開発し、複雑解を解く必要があると考えられたのだと思います。それで私が着任して、まずそれをつくりあげてくださいというミッションが与えられました。これが「生産革新」で開発した「知的統合生産システム」に発展していくのです。

松島　操業管理システム開発というのはそういうふうに繋がるものかなという匂いがありますね。

　　　ちょっと話は戻りますが、そういう仕事を小河さんに割り振ったのは、小河さんが大竹工場における労働組合役員時代に、総合技術力研究会をやっていたということがあったからでしょうか。

小河　馬場さんに私を推薦した方が、労働組合時代に私が有志を募ってつくった総合技術力研究会の活動で、技術者のノウハウを集めた大竹工場版化学工学便覧である「テクニカルハンドブック」編集の活動に理解を示され、支援していただいた方なのです。

松島　そういうことですか。「操業管理システムの開発」と「現業改善」

5

の二つはうまくいったのでしょうか。

小河　当初、私は「操業管理システムの開発」を担当していたのですが、「現業改善」を担当していた技術スタッフがギブアップしたので、そちらも担当するようになりました。そもそも「操業管理システムの開発」で現場のミエル化を行い、「現業改善」でそれらを活用し、二つのテーマを同時にやったほうが合理的だと思っていたので。それで、生産部の日勤部門である工程管理というチームや生産現場小集団と共に、作業解析シートとかを工夫し、現場解析から着手していきました。その際に、工程管理のメンバーや現場の作業者のノウハウから大きなヒントを得たことが生産革新を開発する大きなきっかけとなっています。

　　現場解析の新たな切り口を設定し、日常的に日勤で解析し現場にフィードバックする仕組みを考えました。日勤メンバーで構成する工程管理チームが「操業管理システム」を活用し、現場解析を行う。それと現場小集団が連携して、改善を廻し、生産性向上、とりわけ直行率向上など品質改善に大きな効果を出すことができたのです。

◎現場のノウハウを活用、共有化へ

松島　操業管理システムと品質改善が結びついているということですか。

小河　品質改善だけでなく原単位全般の改善や生産能力向上など、多岐にわたる効果を得ることができました。操業管理システムが日勤の解析力増大に貢献しました。しかし、システムはあくまで道具ですから、工程管理チームが操業管理システムの開発に参画し、自分たちの道具として、主体的に活用し続けてくれたことが大きく寄与したんだと思います。

　　システム開発というと、多くの場合、情報システム部門に開発を任せて設計してもらうのですが、使い手である現場の思いと作り手の思いが必ずしも合致しません。それは使い手がシステムの機能を熟知していないことや、作り手のニーズの掘り起こしが不十分なことによるものです。

第1章　生産革新の序奏〜網干工場操業管理システムの導入〜

　システムはあくまで手段ですから、使い手がシステムを勉強し、何のためのシステム化か、目的を明確にし、情報のインプットからアウトプットまでの業務解析を一緒になり解析することで、双方の言葉を理解するようになり、意識合わせができ、使い手のためのシステム開発になりました。

　現場の膨大な操業実績データを迅速に収集し、誰が、それを使って何をしたいかということに尽きるわけです。現実には、このデータは、日勤者や作業者が収集している、経験則的にどうすればよいかも知っている、システム化の過程で技術者が、そのノウハウの技術的裏づけをすることで、より現場へのフィードバックが的確なものになるのです。

松島　経験に依存した運転では安定性は得られないですね。それで操業管理システムの開発をし、その過程でノウハウを洗い出し、検証していったわけですね。そこまでやれば管理システムとして、コンピュータを利用した制御システムが必要になりますね。

◎ダイセル・姫路製造所　網干工場

小河　その通りですが、この時点では制御と直結させていません。後ほど開発する知的生産システムは制御と連動していますが、操業管理システムは日勤の技能者や技術者が使用することを目的としたシステムなので、製造実績管理に必要な情報を収集し日勤で解析し、現場へは作業指示という形でフィードバックするレベルに留めていました。

松島　それをなし遂げられた日勤者はどういう経歴の持ち主ですか？

小河　操業管理システムを一緒に設計した工程管理を担当していた日勤のスタッフは、現場の作業を行う交替班を経験された方々です。

松島　現場の作業を行う交替班を経験された人が日勤のスタッフになるのですね。

小河　現場の場合は、部長・課長がいまして、当社の場合ですとその下に現場を統括する室長、交替班の班長、班員というふうに構成されます。交替班は24時間、例えば4班3交替で連続操業に従事しているメンバーです。

　　現場を熟知している交替班の経験者から、生産部の部課長を補佐する人を選び、交替シフトから通常の朝来て夕方帰る日勤勤務になってもらうということです。

松島　操業管理システムが構築された後、どういう展開となるのですか？

小河　先ほどの日勤者は、現場と連携して、日々、安全管理や、生産量や品質・原単位を計画通りになるように工程を管理するため、日々の作業履歴や運転データを解析し、それに基づく現場へのフィードバックを行っていましたが、彼らの解析力がシステムを活用することで強化され、改善が加速していったのです。

　　改めて、工程管理のメンバーが持っているノウハウの凄さ、価値に感心しましたし、技術者から見ると、技術改善のネタがゴロゴロ転がっていると。

　　こういったノウハウ活用を、技術者も再認識しないといけないと思

第1章　生産革新の序奏〜網干工場操業管理システムの導入〜

いました。また交替班にも展開したら、もっと凄いことができるはず。24時間体制で、必要に応じてデータ解析し、変調や予兆があればすぐに改善するという仕組みが廻せないか。いやいや、ノウハウ出しを現場作業者まで拡大すると、さらに膨大で有用なノウハウが集まるのでは。システム化を日勤だけでなく、交替班へ拡大したら、技術者の領域まで踏み出してくれるのではと期待が膨らみました。そのときの技術者は、もっと技術者らしいことをしないといけないですが…。

　但し、そのためには現場を安定化し、現場作業者が新たな業務に取り組める環境づくりが必要だなとか、構想が次から次に浮かんできました。

松島　確認ですけれども、日勤の方だけがやっているとすると、彼らが帰った後、翌日の朝来るまでは、操業管理システムは機能していないわけですね。そのときだけ安定した品質ができるという形になる。

小河　操業管理システムだと、次の日に出てきて、前の日のデータを見て解析してフィードバックするので、フィードバックの時間としては最大1日のタイムラグが発生するわけです。そのタイムラグをリアルタイムに詰めていくようなシステムをつくればつくるほど、改善の密度が上がる。従来からも現場作業者は、SQDC（Safety, Quality, Delivery, Cost）をつくりこんでくれていました。しかし、ノウハウは広く共有化されておらず、ノウホワイの検証も不十分でした。それらを誰もが共有化でき、24時間切れ目なく活用できる仕組みがつくれたら。それらの意思決定が「ミエル化」できたら、自分がやったアクションが、SQDCにどう貢献しているかがわかる。期ごとに目標管理をして評価する仕組みを運用していますが、会社業績にどう寄与しているかが実感できるようになれば、生産の達成感がより一層増すのではとワクワクしました。

松島　ベテランのノウハウに依存しているだけではダメだということですね。

小河　ベテランも若手も、みんなのノウハウを共有し、使えるようにした

9

い。そのためには、どういうふうにノウハウを顕在化し、標準化し、誰もが使える仕組みを築くかが次の課題になってくるわけです。

◎生産革新への風土づくり

松島 それはどういうふうにされたのですか。

小河 言葉の統一から始め、ノウハウ出しを有効に行うために安定化と標準化、システム化と段階的に取り組む。仕組みができても、他人の知恵を尊重しなければ仕組みは動きません。革新の過程で相互の知恵を出し合い、活用する風土づくりも同時に進行するように計画しなければなりません。

ノウハウ出しには、総合オペラビリティスタディ手法を考案しました。運転パターンごとに、結果系からSQDCをつくりこむために、どういう情報を見て、原因を想定し、アクションを決定するかという意思決定フローを明らかにし、原理原則情報と対比し合致しているものをノウハウとする仕組みです。

しかし、このステップにはいきなりは無理なので、３Ｓや基盤整備など当たり前のことから、知恵を出し合う、そのために誰もが他の人の考えや気付きを見たらわかるように共通の様式のドキュメントで議論する練習ができるようにしようと考えました。

松島 そこからすぐそこにいくのですか。

小河 活動としては、すぐそこにはいっていませんね。

松島 そうでしょうね。そこのプロセスを教えてください。

小河 操業管理システムの効果について馬場工場長に報告し、同時に今後の展開として、私の考えを申し上げました。これが1994年ごろになります。

松島 そのときは酢酸セルロース課長になっているわけですね。

小河 はい。馬場さんも操業管理システムは一里塚とみておられ、プロダ

第1章　生産革新の序奏〜網干工場操業管理システムの導入〜

クションセンターなるものを築きたいと考えられておられました。

　私は、一製造部門でもそういう効果があったということは、他の生産部門でも同じ効果があるに違いないので、我々だけではなくて工場全体でそういうことをやれば面白いのではと考え、他部門の同じ階層のメンバーに集まってもらい、意見交換する場から始めようと思いました。それが若手の自主勉強会だったのです。

第2章

生産革新の取り組み

(1) 小河義美氏に聞く

◎工場将来構想の提案

松島 生産革新の構想が出たのは1994〜1995年ごろですか。

小河 はい。そのころ、勉強会を企画し、自主的な研究から始めました。工場の将来像ということで、工場の構造改革もあれば新規事業など様々な構想を練っていたのですけれども、仕事の終了後のこの会に馬場孝治工場長をお呼びし、我々が考えていることを聞いていただきました。そうしたら工場長から君たち若手が意見として出しやすいようにしようということで、工場の将来構想コンペを自分が提案するから、そこで、若手が意見を言いやすくしようと逆提案を受けまして、1995年5月ごろ構想の募集となり、8月にコンペが実施されました。

　当時は毎年中期計画のローリングを夏にしていましたので、中期計画にその計画を入れようというお気持ちが工場長にはあったと思います。秋に脱稿しますから、8月にエントリーしてくれということで、一つのレポートにして、「工場将来構想」ということでご提案しました。

松島 話がちょっと戻りますが、若手の勉強会はそれに先だって開始されたわけですね。小河さんはなぜ発案されたのですか。

小河 先にも述べましたが、まず一つは、網干工場全体を改革したいという当時の馬場工場長の思いがあったということです。酢酸セルロースの改善について特命テーマのご指示を受けた際にご自分の夢を語っておられたので、工場に対する思いをひしひしと感じていました。自分たちも何かをしないといけないという気持ちがありました。

　二つ目に、操業管理システムと現業改善の取り組みから意を強くした

ことですが、我々技術者が現場を十分見ていない。現場にはまだ改善の
ネタがある。しかもそのパワーとして現場の方の力を発揮するようにで
きれば、もっと大きな成果が得られ現場の人自身が達成感を得られるの
ではと思ったこと。

　三つ目は、大竹工場時代からずっと思っていましたが、部門の壁を打
ち破って、全体で最適な取り組みをやりたい、みんなで知恵を出し合う
ことで、いままでのタブーも打破できるという思いがありました。

　そこで、同世代のメンバーにも声をかけまして、私の思いだけでなく、
同世代が感じている不合理や不条理を出し合い、改革に向けた具体的な
アクションを考える会をつくろうと思ったのです。

◎若手メンバー（8人の侍）による勉強会 "Forward会"

松島　それはいつごろですか。

小河　1994年ぐらいです。

松島　では、酢酸セルロースの操業管理システム開発と現業改善が一段落
　　した後ですね。

小河　二つの研究テーマは1992年9月に着任し、半年ぐらいでめどをつ
　　けていましたので、1993年の夏ごろには維持向上の段階になっていま
　　した。1994年ぐらいに少し余裕ができていました。

松島　どんなメンバーに声をかけたのですか。

小河　管理職一歩手前の若手メンバーです。課長になる手前です。このメ
　　ンバーが実質、現場と一緒になり、日々の安定生産に直接従事している。
　　そのメンバーが当時網干工場に階層として約30人いましたので、それ
　　ぞれやっていること、改善の内容を持ち寄って、一緒に面白い工場改革
　　はできないかという発案をして、みんなに業務が終わる夕方に集まって
　　もらいました。

　そうすると、みんながいろいろな話をするのですけれども、当然、興

味のない人もいます。「そんなことをやって何になるんだ」とか「自分の部門だけでも手いっぱいなのに、工場全体でなんてできるわけがない」と。その中で目が光っていた人が8名いました。この8名で、勉強会をやることになりました。毎週水曜日、ノー残業デーの夕刻に、自主勉強会"Forward会"をやっていたのです。みんなでスクラム組んでやろうと。本当は将来型の工場構想チームという意味の英語略称が"Forward"の意味だったと思うのですが、正式英語名は忘れました。

松島 勉強会のテーマは工場改革のようなものですか。

小河 生産だけでなく、開発のメンバーもいましたし、工場改革案だけでなく新事業構想もありました。テーマはいろいろやろうと。自分のやりたいことを押しつけるのではなく、会社をよくするためには新事業を加速しないといけないのだという主張にも同感でしたので、各人が持ち寄ったテーマで議論しようじゃないかというふうになりました。

松島 工場で新事業提案というのはあり得るのですか。

小河 あります。

松島 新事業というのは新しい製品化合物をつくろうとかそういうことですか。

小河 ええ。そうです。

松島 工場にそういう機能があるのですか。

小河 工場には、開発部門もありましたから。どこからでも提案できるという意識はありました。

松島 馬場工場長は、そういうことに対しては非常に理解があったのでしょうか。

小河 はい。むしろ、若手がどう動くか、見ておられたのではないかと思っています。

松島 一点確認したいのは、その8人の侍はみなさん大卒の技術者ですか。それはケミストとケミカルエンジニアと両方いるわけですね。

小河　そうですが、集める際にそのバランスは考えていません。あくまで目が光っていることです。

松島　その8人の中でケミストとケミカルエンジニアの割合はどうだったのでしょうか。

小河　ケミストのほうが多いです。というのは、もともと技術者はケミストのほうが多いのです。ケミスト出身でケミカルエンジニアの勉強を会社に入ってからして、ケミカルエンジニアとして仕事をしている人が製造現場にいました。出身からすると、たぶんケミカルエンジニアは2割ぐらいじゃないですか。

松島　ケミカルエンジニアは、8人のうちの1人か2人ということですね。

小河　はい。あとは化学、繊維、農学、とバラエティに富んでいる仲間でした。

松島　その会が言ってみれば母体になって、馬場さんがそれにチャンスを与えるというので将来構想コンペに。その報告書は残っていますか。

小河　残っていると思います。

松島　どういう内容なのでしょうか。

小河　従来の工場の運営体であった製品別運営を機能別運営にしたいというものです。「モノをつくる」「モノをうる」「技術をつくる」という三つの機能に再編して工場運営の仕方から変えたいという提案です。

松島　それはテクニカルな話ではないのですね。

小河　数十ページにわたるレポートですが、工場の構造改革として、「人組織の革新」「生産システムの革新」「情報システムの革新」という三つの革新にまとめたものです。

松島　その中には、新事業提案も入っているのですか。

小河　新事業提案は別です。

松島　それをごらんになられた馬場工場長が採用され、本社に提案されていったわけですか。

小河　はい。ただ、募集後、エントリーは我々のチームしかないことがわかりまして、これではコンペにならないということで、工場長は当時の部長会も考えてきなさいという指示をされました。コンペは部長会対新任課長もしくは課長一歩手前のメンバー達との一騎討ちになり、我々の案が採用となりました。それが1995年の夏です。

◎プロダクションセンター構想プロジェクトの頓挫

松島　いまお話しになったのがプロダクションセンター構想プロジェクトチームですね。その勉強会がこういう名前になったのですね。

小河　勉強会がすぐにプロジェクトになったのではありません。

松島　そのプロセスを教えてください。

小河　8月にそういうコンペが工場内で通り、工場中期計画に盛り込まれました。主力工場の抜本的改革案なので、本社に報告され、経営トップもご了承いただいたと伺いました。社長はモノづくりを変えなければいけない、特に網干工場は主力工場なので、ここから変えたいという思いが強かったのではないでしょうか。

　　それで、社長の了解がとれましたのでプロジェクトができたのですが、我々はメンバーにはなりませんでした。部長クラスあるいは本社の部門長の方で構成されました。

松島　網干工場から出た構想を実現するためのプロジェクトが、網干工場だけでなかったわけですね。関係する部門がみんな入っているわけですね。

小河　はい。本社、工場の幹部クラスで構成されました。そういう意味では挙国一致体制ですけれども、そのプロジェクトはしばらくして頓挫します。

松島　頓挫したプロジェクトがプロダクションセンター構想プロジェクトですね。もう1995年中に頓挫してしまうのですか。

小河　はい。頓挫した理由もいろいろありました。まず一つに、我々の構想案を理解していただけない。そのプロジェクトの方々は、我々に対するヒアリングから始めたのです。

松島　お前たちはどういう提案をしたのかと、そういうところですね。

小河　はい。その説明に時間がかかりました。初期プロジェクトであるプロダクションセンター構想プロジェクトの方々は、その後、次世代型化学工場構想プロジェクトができて、多くの抵抗なり反対があった中、大半が残られ、我々と一緒に改革をやろうとしたわけですから、革新に対してはやる気をもっておられたのです。

◎次世代型化学工場構築プロジェクト（R21）開始

松島　しかし、構想の最初をつくった人と、それを後から実現しようと思った人との間には、ある種のギャップはあるわけですね。それで、その構想はどうなるのですか。

小河　1996年6月から新プロジェクトがスタートしました。これが次世代型化学工場構築プロジェクト（マスコット名；R21）です。

松島　どういう内容ですか。

小河　メンバーは、覚悟を決めた若手とシニアの混成チームとなりました。1996年4月から12月までに、工場改革案の精査を行いました。また私にリーダーをやれという指示もいただきました。

松島　なるほど。それで、プロジェクト自体はどうなっていくのですか。また、どういう作業をしていくのですか。

小河　自ら手法をつくって、その手法を現場で実践するということを繰り返していきました。

松島　どういう手法をつくられたのですか。

小河　いまの生産革新のすべての手法です。予備調査の業務総点検から始まって、運転標準化の総合オペラビリティスタディ手法など、すべての

手法をつくりながら、同時にそれで実行していきました。

松島　それは1992年から始めた操業管理システム開発の発展系だと考えていいですか。

小河　発展系ですけれども、さらに基盤整備や安定化、標準化など、システム化にいくまでの大事な段階を特に重視したものです。

松島　それでいわば24時間操業管理できるシステム化までもっていく。

小河　はい。

松島　そのプロセスでやったことは、まず現場で何が起こっているかということを全部精査しなければいけませんね。

小河　そうです。まずは現場の安定度を把握するためトラブル低減チームを発足させ、その後、ある安定度に到達した段階でチームを分割し、一つは設備部門に戻り、改良保全を中心とした専門保全部門への脱皮を図り、残りは運転標準化チームに移行させ、現場に行き、ノウハウ出しの準備を行うのですが、これらに取り組む前に、工場全体の雰囲気から、現状否定をすることから取り組む必要がありました。

松島　その話は大変重要ですね。トラブル低減チームや、運転標準化チームという作業部隊はどういうメンバー構成ですか。

小河　トラブル低減チームは、生産技術者と機械・計装などの設備技術者の混成チーム。運転標準化チームはトラブル低減の取り組みである一定の安定度をクリアしたら発足するのですが、その際にはトラブル低減チームを発展的に解消し、設備技術者は元の設備部門に戻り、新たなトラブル低減のやり方の伝道師となる。トラブル低減の取り組みから現場で何が起こっているかトラブルの根っこを見た生産技術者は、新たに設置した運転標準化チームの核要員となり、追加した生産技術者と現場の技能者を加え、運転標準化からシステム化、統合をリードするのです。

松島　そのときは工場全体を対象にしたのですか。

小河　網干工場は三段階に分けて知的統合しました。基盤整備や安定化は

同時に進めましたが、運転標準化とシステム化は、工場を三つの生産エリアに再編成し、そのエリアごとに進めました。そもそも網干工場は製品別運営の製造課で構成されていました。それを原料から最終製品の垂直流れに括り直し、製造課という概念を止め、三つの製造流れに括り直し、それごとに統合を図りました。一つ目はセルロースエリアです。酢酸セルロースを中心としたプラント群が最初です。その次に、有機合成エリアと我々は呼んでいますけれども、酢酸を中心としたプラント群が二つ目。最後は、エネルギー群ということで、工場の川上工程と川下工程から影響ある製品群を三つにグルーピングして、従来の製造課を工程として捉え、全体の視点からノウハウ出しを実施していきました。

松島 いわば工場のオペレーション全体について、現場のノウハウを吸収して、エンジニアの方が…

小河 きちんと検証して、それを技術にしていった。

松島 なるほど。そこで製造技術が確立するわけですね。

小河 そうです。その原形は、さっき松島先生がおっしゃったように、操業管理の取り組みがヒントでした。技能をちゃんと技術的裏づけをとり、普遍性を確認したものが技術になる。

◎8人の侍、プロジェクトに臨む

松島 その作業に当たられたのはどういう方ですか。

小河 運転標準化とシステム化にあたったのは、プロジェクトの技術者メンバーです。運転標準化で6〜8人ぐらいです。

松島 そのエンジニアのバックグラウンドは？

小河 農学部の出身もいますし、生粋の化学工学もいます。ケミストもいますし、専攻は関係ないです。

松島 素直な気持ちでヒアリングする。

小河 はい。固定概念に囚われないことが重要です。手法では、自分の担

当しているプラントのノウハウ出しは担当しないことになっています。先入観を捨てて、無垢な目で行うためです。またミドルと若手をペアにして、異なる視点や世代交代対策にも配慮しました。

松島 その数人の方はどうやって指名したのですか。

小河 いろいろな部署から手を挙げて出てきた人が主ですが、こちらから声を掛けたメンバーもいました。しかし、当時の革新プロジェクトに対する評判は散々なものでしたから、手を挙げた人たちは、出身母体と決別する気持ちだったと思います。とにかく、様々な部署で地位や専門、経歴もまちまちのメンバーでした。

松島 黒澤明監督の映画『七人の侍』のようですね。

小河 お手並み拝見という雰囲気の中、出てきたメンバーなので、よい意味で結束できたこと。また自らの意思を問われるプロセスを経たことで、革新に臨む覚悟が形成されたこと。その後も冷ややかな周囲の視線の中、プロジェクトメンバー全員が鍛えられましたから。何としてもこれをやるのだ、この方法が工場、会社をよくするのだと。愚直にやり続ける覚悟をもっていました。大上段に振りかざすのではなく、自分ができることからやろうという地道さが研がれていった。

松島 でも、非常に苦しい立場ですね。工場本体のラインの中からは違うグループになり、本社からも周りからも理解されない、その中でやらなくてはいけないわけですから、頼るものは自らしかないという感じになりますね。

小河 そうですね。結果的に、そういう強いメンバーが残ったということです。みんなで一致団結して、どんなことにも取り組みました。それと、統合完成までの数年は寝食を忘れてやるつもりでしたから、プロジェクトメンバーの奥さん方にもキックオフの際に集まっていただき、説明会をしたりしました。「4〜5年、寝食を忘れて取り組む。辛抱してくれ」って。

松島　そういうことですか。

　　さっきの8人の侍がいますね。8人の侍は残っていたのですか。

小河　全員じゃないです。その中の数名です。残りは、他工場に異動して
　　いきました。他工場をいずれやらないといけないので、先に行き、キー
　　マンとしてその地に根を生やすんだと話し合って。

松島　半分は出て、半分は残って。

小河　半分のメンバーに、他のメンバーがまた追加されます。

◎プロジェクトに対する反応

松島　それが8人ぐらいで、いまの作業をされたということですね。その
　　ときに現場は協力してくれるのですか。

小河　現場には、構想段階から交替班全員にこういう工場にしたいと説明
　　をしました。その際に、元々、セルロースを担当していた私は担当して
　　いない有機の製造課に、有機を担当されていた原野さんがセルロースに。
　　それぞれ説明するという形をとりました。現場から文句を出しやすいよ
　　うに。現場の人からは、反対より「これをやったら、工場はよくなるの
　　か、勝ち残れるのか」など、私たちの覚悟を問う質問が多かったように
　　思います。説明し続けていたら「もうわかったから、難しいことはわか
　　らん。あんたらやりたいんやろ。そしたらわしらもやるがな」と言われ
　　ました。労働組合にも説明に行き、半分の人間で、工場を運営すると最
　　初からすべて話をしました。

松島　そこは大事ですね。

小河　説明責任を果たしただけです。

松島　そういうことだとすると、本体というか各部署のラインの上のほう
　　の方々がいるわけですね。そうすると、小河さんのチームが来て細かい
　　ことを根掘り葉掘り聞くというと、結構摩擦があるかなと思ったのです。

小河　課長会メンバーも葛藤はあったと思います。構想を説明し、徹底的

に議論しました。ただ説明したからといってわかるものではない。実際に当たり前のことから始めようということになりました。実行する段階では、ラインは全部、部長も課長もみんな我々でやろうというメンバーばかりになっていました。その体制にいきつくまで、工場長の馬場さんに直訴されたり、外してくれと。それで外れていった人もおられましたので、いろいろと摩擦や淘汰もあったと思います。

松島 実際にどんなことをやっているかというノウハウ出しをやるのには協力的だったのでしょうか。

小河 概ね協力的でした。現場作業者の中には、「こんなシステム化して何になるんや」と言う人もいます。でも、大部分はやろうということでやってくれました。

松島 そこがないと大変ですよね。

小河 労働組合の役員にも「もし、我々のやり方で、現場の不満が大きくなるようだったら、遠慮せずに意見を言っていただきたい」とお願いしていました。「我々はよかれと思って生産革新に取り組むので、工場全体がその方向に走り出すように持っていく。反面、そうなると本当にまずいときに本音の声が出しづらくなるから、組合さんがブレーキ役として作用して、何でも意見を聞かせてほしい」と。

松島 そこは大事なところですよ。

それがこの時期の出来事だったわけですか。なるほど。大変よくわかりました。次世代型化学工場構築プロジェクトは必ずしも全員が賛成したわけではないのですか。

小河 プロジェクトの成否に対する懸念の声と、こういった全員参画の運動についての「またか」という声の二つがあったと思います。変わることに関して、濃淡はありますけれども、工場のみんなは反対はしていません。ただ、「本当にできるの？」というのはありましたけれども。

過去の改善活動はマネージャーが異動する度に別の運動に変わった

り、 賞を取るための活動になっていました。それらに対する「またか」
ですから、従来のようなやらせの取り組みにしない、事務局任せにしな
い、リーダー自らが率先垂範することで、過去のトラウマを打ち消して
いきました。

　こういった工場内の思いを結集しようと汗をかくことは、工場外から
の批判に比べたら、なんともないです。

松島　本社や工場外は何で抵抗するのでしょうか。

小河　大部分の人は、「こんな構想が主力工場でできるわけがない」「リス
クはとてつもなく大きい」「同業他社はやっているのか、当社ができる
のか」という意見でした。

　また革新の宿命として、従来の仕組みや慣習にメスを入れていきます
ので、摩擦が起きます。それが本社に伝わり、現場が混乱していると思
われ危惧を抱くこともありますし、何よりこの改革は、管理職の行動を
変えることから始めようとして、草むしりや３Ｓから始めたので、本社
から「何をやっているのか？　効果はいつ出るのか」という声が大きかっ
たと思います。

◎「行動をカエル」－３Ｓ

松島　そうでしょうね。工場の草むしりという話を前に聞いたことがあり
ますけれども、いまの話の中ではどういう位置づけですか。

小河　先に述べた安定化や標準化をする前に、工場全体の雰囲気として、
もっと基本的な部分ができていない。まずリーダーの覚悟を示す必要が
ある。リーダーの覚悟とは、精神的なものではありません。従来の自分
たちのマネジメントをカエル決心ができ、具体的にどうカワルかを問う
たのです。革新するといっても、具体的に部下にどう仕事のスタイルを
カエルのか説明できない。その前に自分を埒外に置く。まず "自らどう
カワルのか？" "３年後、５年後、10年後にどうなっているのか？" "具

体的に言えるか？"とみんなで合宿してとことんまで突き詰めたんです。

　改革について突き詰めていった結果、いままでのようにコンサルタントを呼んで、事務局を設置し、運動論的にやるのではなく、いままでの運動とは違う、仕事として継続して取り組むために、部課長が率先垂範して結束してやってみせよう。そこで、当たり前のことができていないのだから、当たり前のことから着手しよう。現場が見えていないのだから現場に入ろうという結論になりました。

　その結果、「小さなお世話活動」と命名して、従来の部門単位の取り組みではない、工場横断的に、３S（整理、整頓、清掃）から始めよう。その取り組みの核となる「おたすけ隊」をつくって、部課長・プロジェクト専任で構成し、基盤整備という名の下に、管理職自らがライン業務と並行して、３Sを手段に現場に入ろうと決めました。

松島　それはいつごろの話ですか。

小河　1996年６月からです。

松島　そういうことですか。

小河　半年の間、草ばっかりむしっていました。何も言わずに。工場の従業員からすると、新たな活動が始まる、俺たちが何かやらされるに違いないと思っていたのが、いつまでたってもやらされなくて、部課長が黙々と草を引いているので、今度はだんだん、「何か手伝いましょうか」と言ってくるようになりました。最初は協力会社の人だったと思います。そこから輪が広がっていきました。

松島　部課長はみなさん、それを受け入れてくれたわけですね。

小河　はい。前述の自分が改革に対して何ができるのかということを突き詰めた期間がありましたから。

松島　そこで３Sをもっていくというのは知恵ですね。

小河　ある意味、３Sを黙々とやるということはつらいことだったと思います。でも大切なことでした。いまでも改革は３Sに始まり３Sに立ち

返ると言っています。

松島 わかりました。それは大事ですね。

小河 我々より年長者を保守的だとか、若いから改革に向いているという決め付けはダメだと思います。上の方をないがしろにする改革というのはあってはならないと思います。ノウハウを出し合い、みんなで活用するということは、ノウハウを培って来られたベテランのご苦労に敬意を払うということですし、その方々がいないとノウハウ出しはできない。ベテランからすると自分のノウハウを真剣に聴きたいという若手がいないと、せっかく長年苦労して得た知見が日を見ないことになる。経験が異なるメンバーが、簡単なことから一緒に取り組み汗をかくという過程を経たことで、一体感が出る。同じ取り組みから若手はベテランの知恵を目の当たりにし、ベテランは若手の新たな切り口に再発見する。こういったプロセスが、まず部課長の世代間の溝を埋めていった。

そのテーマが３Ｓといった基盤整備という当たり前のことだから、なおさらいいのです。

松島 ３Ｓを手段に、本来の目的以外に、老若の隔たりをなくす、部門間の壁を取り払うという狙い、工場一体化への布石を打つという目的があった。

小河 お互いの知恵を出し合い、他の知恵を活用する仕組みを築いても、お互いのことを尊重し合う風土がなければ宝の持ち腐れです。予備調査〜安定化〜標準化〜システム化・機能別統合の各過程自体の進め方を手法化しましたが、その結果、目指す統合ができてから全体最適の仕事の仕方にカワルのではなく、各ステップを進める際に、段階的に仕事の仕方をカエルように、徐々に演習しながら進めるように手法に「行動をカエル」要素も加えました。

しかし、手法の中で、この行動をカエル側面は、テクニカルな側面ほど顧みられない。実践している人々が技術者だからなのかもしれません

が、あまり重要だと認識していないように思います。実は、革新を進める上で一番重要な側面なのですが。

◎生産革新を進めるためのポイント

松島　どう進めるのですか?

小河　例えば予備調査では、工場の生産や設備管理のミドルマネージャー全員で毎月合宿をし、日頃のライン業務から離れて、工場全体のスタッフとして、革新の構想であるマスタープランを約半年かけて立案していただきます。これは、その後、革新の最初の実践でもある基盤整備（安定、初期の標準化）を取り組む際にも、事務局なしで、ライン業務のミドルマネージャーが、企画と実践のリーダーという一人二役を担うクロス・プロジェクト運営体の先駆けとなります。一工場の統合が完了してもその維持向上や、他工場への生産革新の展開や業務革新など他の革新への拡大において、全社の生産、設備、生産計画、物流、営業、経理、システムなどのミドルマネージャーで全社プロジェクトを構成しますが、毎月一堂に会し、本来のライン長という職務に加え、全社の企画スタッフという役割を担っていただき、一人二役をする中で、部門最適の発想に陥りがちな視点から脱却し、全社最適という視点を養い続けます。

　さらに、ノウハウを出し合い活用するためにも、まず日頃の報告・連絡・相談の質から高める必要があります。活動初期に、現場管理の言語の統一を行い、論理的思考の鍛錬を段階的に実施していきます。言語の統一例は、現場を管理する図面（P&IDなど）のルール統一です。論理的思考の鍛錬というと大げさですが、3SではBefore–Afterシートを活用し、課題発掘と解決の流れを明示し、それを対話ツールとして活用することから始めます。安定化の取り組みでは、作業負荷削減シート（なになに＋なぜなぜ分析）で、問題事象の解析、原因の想定、事実の確認、対策案の立案、実行というC（Check）⇒A（Action）⇒P（Plan）⇒D（Do）

のサイクルを廻す訓練を行い、その後の運転標準化における総合オペラビリティスタディ手法の意思決定フローの解析の予行演習という意味ももっています。

　革新を進める際には絶えず、従来の担当以外の視点を入れ、知恵を出し合う風土づくりを入れ込みます。３Ｓも自部門以外まで取り組む。安定化では、設備部門において、いままで各プラント担当別で実施していたメンテナンスやトラブル対応から、横串的に実施する要素を括り出し、トラブル低減チームを編成し、共通要素技術という視点や改良保全に軸足をおいた本来の取り組みを設備・生産の技術者と現場といった三位一体でトラブル低減を試行します。総合オペラビリティスタディ手法では、手法の技能認定を受けた技術者がペアになり、作業者からノウハウを聴き出すのですが、技術者は、従来担当していたプラント以外のノウハウ出しを行います。またシステム化では、バグ潰しのため、トリプルチェックを実施しますが、担当がダブルチェックを実施した後、人を代えて再度チェックします。ミスが発見されたらリセットし、そこからトリプルチェックをやり直します。これはチェックの精度を高めるということだけでなく、そもそも他の人にチェックしてもらうことを想定し、誰が見てもわかる仕様書などドキュメントの作成方法が標準化されていないといけないようにしているのです。

松島　そうですね。いまの話も重要なポイントですね。

小河　生産革新を「人・組織の革新」「生産システムの革新」「情報システムの革新」と三つの革新としましたが、最も重要なことは「人・組織の革新」となります。組織の革新も予備調査の段階で事業別統合形態、生産別統合形態、業務別統合形態という三つの側面で、従来の製品別運営からの脱皮を模索します。

松島　機能別統合に向けて、あらゆる角度で革新を図るんですね。統合もゴールではない？

小河　日本ゼオン株式会社様が、統合生産センターの竣工式を「生産革新キックオフ式」とされたことは、正しく慧眼と感服しました。統合がゴールではなく、「ミエル化」の環境が整った。このセンターで居住することが、ワークスタイルをさらに定着し、改革するスタートだと。

◎生産革新プロジェクト開始

松島　それで、次世代型化学工場構築プロジェクトの一つのゴールラインである統合生産センターはいつごろできあがるのでしょうか。

小河　2000年6月です。網干工場は6月が定期修理なので、そのときシステムの切り替え工事をやりますから、2000年6月にセルロースエリア、つまり三つの段階に分けた第一段階ができあがったところで一つの大きな節目は越えたということです。基盤整備は1996年からやっていましたけれども、実際にノウハウ出しをしてシステム化するまでそれぞ

◎統合生産センター

れの段階で2年弱です。

松島 生産革新プロジェクトリーダーとか第二次長期計画策定プロジェクトとありますが、これはどういうふうに理解したらよろしいでしょうか。

小河 この二つは全社のプロジェクトです。

生産革新プロジェクトは、網干工場の生産革新のプロジェクト名が次世代型化学工場構築プロジェクトだったので、これを全社に広げておこうということで、小川（大介）さん（現 相談役）が社長になられるころ、全社の生産革新プロジェクトが社長所掌として発足しました。

松島 このときは、実質的に網干工場では次世代型化学工場構築プロジェクトですね。

小河 はい。全社の生産革新プロジェクトの発足は1999年11月で、網干工場の統合第一段階完成が2000年6月ですから、網干工場の成果はまだ出ていませんが、他工場革新もスタートさせていったということです。

松島 具体的には？

小河 プロセス型の工場は同様のことをやろうと考えました。但し、安定化・基盤整備はどの工場でも必要なので、組立加工型工場も対象にしました。その中でも、網干工場と同様の取り組みを考えたのが、網干工場と同様のプロセス型生産形態の大竹工場と新井工場です。先にキーマンとして各工場に異動していった元自主勉強会メンバーに工場革新リーダーになっていただきました。

◎革新を後押し─経営トップの決断

松島 1999年には網干工場以外でも始まる。しかし、このような改革は相当摩擦が生じると思いますが、当時の経営層はどういう対応をとられていたのですか？

小河 はい。同時に第二次長期計画のプロジェクトが始まりまして、三つ

のイノベーションということで生産革新が全社の取り組みとして盛り込まれました。第二次長期計画は小川社長（当時）体制になりキックオフされました。1999年から10カ年計画となります。

そこで、全社組織改革、新制度、全社プロジェクトの発足というアクションが実行され、革新を推し進める経営層のご決断が形として示されました。具体的にはカンパニー制への移行、全生産拠点への生産革新の展開と、業務革新など他の革新への拡大、体験型教育訓練センターや技術者人材育成カリキュラムの新設など。

小川さんは、網干工場の生産革新を進める際にも、生産革新を実行することを決断された児島（章郎）元社長の下、経営企画部長でおられ、強力な支援をいただきました。その後、社長に就任された後も、全社への生産革新の展開、また梅野（靖雄）専務（当時）と業務革新にも展開し、現在の札場（操）社長に革新の系譜が継続されています。

こういう革新は、当然、従来の仕組をカエルわけですから、摩擦が必然的に起きます。あえて起こしているともいえます。経営トップのご決断が必至ですし、実行するミドルマネージャークラスの覚悟、そして実践いただく従業員との信頼関係が重要だと思います。

摩擦によるいろいろな批判が出る中、また初期には効果も顕在化しない中、経営トップが革新をやり遂げるという不断の決意を示されることは、ものすごく大きな後押しですし、やっている者からすると信頼を裏切れないという責任を感じ、様々な角度から自分たちのアクションを検証し、万全を期そうという気持ちが増しました。

当社の革新を今もってなお、継続できているのも、こういった歴代経営トップの思いが繋がっていることが大きいと思います。

(2) 馬場孝治氏に聞く

◎工場将来構想ができるまで

松島 馬場さんは、若手有志との接点は、彼らがつくった勉強会からです
か。

馬場 仕事上は、その前からよく知っていました。有志の会を知ったのは、
小河義美さんらがやっていた"Forward会"から話を聞きたいと提案が
あって、そういう取り組みをしているのかと、嬉しく思いました。

松島 小河さんからも、8人でForward会をつくったという話を伺いまし
た。

馬場 1992年は円高で、バブルがはじけて世の中の景気が最悪になった
ときです。最悪になったときに彼らは憂えて、網干工場でどうやったら
打開できるかということのテーマ探しをしていたのです。工場長の考え
を聞きたいということで、網干工場に隣接している従業員用クラブが
あってそこに僕は呼ばれたのです。

　Forward会のメンバーが来て、この工場は将来どういうような工場を
イメージしているか、と。僕は、将来の工場を考えて、新しい商品、と
りわけ、次期の主力事業をつくりあげるということは工場では至難の業
だと言ったのです。これは工場の範疇を越えて研究所が商品開発をし、
企画部がこういう計画を立てて工場へもってくるので、工場が最初から
全部その陣容をもつのは大変だということで、企画よりも、いまもって
いる商品をより強くすることが会社に対する貢献度は高いという考え方
で、僕はこの工場の生産技術を変えていきたいということを言ったので
す。

35

その当時、1990年にダイセルは第一次長期計画をつくったのです。当時、化学会社で長期計画をつくって実践していくというのが流行り始めて、ダイセルもやり始めたのです。僕は作成には参画していなかったけれども、こういうのを長期計画するといういろんな項目があり商品開発はこうだ、工場はどうあるべきか、海外戦略はどうするかとかいろいろあるのですが、その中に、10年後には工場の生産性を2倍にする、2倍働いて2倍の儲けをするということがあったのです。いまから見たらスローガン的なところもありました。

松島　それは第一次長期計画ですね。

馬場　どうやってとは何も書いていないのです。スローガンです。工場のスローガンで、社長が言っているのにどこの工場も何もしていないのです。僕自身は、それでいいのか、何とか生産性を2倍にする方法はないかということを僕なりに考えていたのです。その当時は一つのプラントに必ず一つの操作室でした。

◎工場基盤の強化策－生産性向上と固定費削減

松島　工室ですね。

馬場　工室があって、人が重複しているので、まず工場を横串にしないといけないと、僕のイメージで思っていたのです。工場にプラントがたくさんあるのは当たり前だけれども、操作室がその都度増えていったら人が幾らでも必要となる、工場に操作室は一つでいいのではないか、それにもっていけないかという、そもそもそこから始まったのです。縦割りに横串を入れたい、横串に物を考える。例えば、操作は操作で横串的に見ていく。複数のプラントが見られるようにする。メンテナンスも酢酸セルロース担当は酢酸セルロースだけだけれども、工場中ポンプとか蒸留とか基本的には同じなのです。中に通っている液体が違うだけですから、メンテナンスも横串的に見るべきではないか。そういうことから機

能別運営という言葉を言い始めたのです。

　そのときに工場長として僕が抱負を言ったのです。具体的にどうしたらいいかということはわからないですけれども、イメージはそれを実現するために何かしないといけないということで、前々からトラブルを減らす必要があるということは言っていました。

　僕が1964年に入社したときに、この工場は、商品はいろいろありますけれども、2,000〜3,000人いました。僕が工場長をやるときは1,000人です。減っているのです。というのは、事業が衰退していた分が多いのですが、主力事業のところはそんなに減ってない。そんなに生産性は上がってないのです。

　生産性を上げるために、最初は遠隔操作をやり、自動化し、操作室の統合は若干やりましたけれども、結局はオペレーターの負担を増やしているだけでした。例えばＤＣＳ画面を見るだけでも、統合したら2枚画面を見ていたやつが4枚になる。監視パネルがね。1枚にしないといけないのです。そういう発想もありました。要は仕事量を減らしてあげる必要がある。いままではオペレーターの負担のもとに生産性が上がってきた面が多い。

松島　そうお考えになられたのですね。

馬場　当時、二つ思いがあって、長期計画で一つの工場ぐらいそれを何とか実現する努力をしないといけない、何かきっかけをつくらないといけないのではないかということが一つと、もう一つはいまと同じです。当時は為替レートが1ドル200円ぐらいだったのが100円ぐらいになったのです。そうすると、原価でドル弾性という言葉を使っていました。ドルに対してどういう動き方をするかということです。固定費が30、比例費が70とすると、固定費の30は変わらないのです。売りはまるまる100％ドル弾性は維持している。ドルベースですから、1キログラム何ドルですから、完全に。燃料と原料は輸入品ですから動きますけれど

37

も、固定費は絶対にドル弾性はないわけです。固定費をミニマムにしないといけない。そうすると人件費と修繕費が多くを占めることになります。償却費は時間がたてば減りますから、固定費を下げないといけない、人を極少にしないといけない、そのためにもトラブルをなくさないといけないと思っていました。当時は赤字になりましたから、100円でも90円でもメリットが出るという思想をもって、固定費をミニマムにもっていかないと戦えないのです。

　僕がその時代に小河さんと生産革新をやったことによって、いまは固定費が小さいから財政は非常に強くなっていると聞いています。昔のままなら、やっぱり赤字になったと思います。まともにやられますからね。固定費を下げたことに対して、為替レートに対する、これ以上下がったらどんどんひどくなりますけれども、100円前後だったらもちこたえられるということを目標にしていましたから。当時は120円だか130円だか忘れましたが、そのぐらいのときに100円になって、すべてやられたのです。そういうときにドルに対してどうするかと工場長会議でみなさんがそれぞれ言われたのです。僕はドル弾性のことを話して、こういうテーマをやらないとダメだと。

松島　端的に言えば、人件費と修繕費を減らす、トラブルを少なくする、そういうことですね。

馬場　トラブルが少なくなれば人は減りますし、修繕費も下がる。固定費を下げようという気持ちはそのときのテーマとしてもっていました。

松島　先ほどForward会の話が出ましたけれども。

馬場　そういう考え方はもっていまして、彼らには固定費のドル弾性の話はしませんでした。僕は工場の運転技術を変えたいということは話したのです。

　しばらくたって、これは2000年までに実現しないといけない、何とかしないといけないということで、1993年か1994年ごろに小河さん

の報告を受けて、同時に部長会に、私はこういう考え方をもっているということで、部長クラスに対して披露したのです。

◎工場将来構想コンペを経て－機能別運営案実行へ

松島 そうですか。小河さんが自主勉強会の成果をもって工場長のところに行ったら、馬場工場長が工場の将来構想のコンペをやろうとおっしゃったという話を小河さんのインタビューで伺いました。

馬場 若い人たちの言うことを鵜呑みにしてやったら年寄りが反感をもつだろう。部長は45～55歳ぐらいで、彼らは課長の前後です。そこへForward会の彼らが最初に言って、こういうことをどういうふうにしたらいいか考えてほしいと話したときに、成果をもってきたのです。彼らの提案をすぐ工場で実行したら絶対に反感でまともにいかないから、部長会のメンバーにもテーマを出して、形上はコンペにしたわけです。発表会をやったら、差は歴然で、そこで若手の案を採用していいかということを部長会に納得させたのです。そこからスタートしました。

松島 それは本社におっしゃられたのですか。

馬場 本社で説明する前に、あれは工場の中期計画に盛り込んだかもしません。

松島 工場の将来構想のコンペをしますね。コンペをして若手課長の案を採用して中期計画に盛り込んで、それから機能別センター化構想というのがありますが、それを役員会に提出された。

馬場 長期計画を達成するには中期的にどう取り組むかという会議です。その中に僕は、生産性を2倍にするための第一歩として、機能別運営でオペレーションするところは操作室を一つにすべきという構想を話したのです。従来のように操作室を別々にしたまま、仕事を見直して自動化を進めても限られた人数しか減りません、機能別で重複している業務を低減してトラブルを極小まで減らすと人員の半分は減るでしょうと。投

資額も概算でお話しました。計画ですから。とにかく、実行に移したかったものですから、プロジェクトを発足したいということを提案したら、当時の社長が、「機能別運営の統合センターの案を私は採用します。それに頑張ってください」と言われたのです。

後から振り返ってみると、社長がつくった長期計画で、それに基づいた中期計画のときに、長期計画に照らし合わせて話した人は誰もいなかったのではないでしょうか。

松島 先ほどの工場の生産性を２倍にするというやつですね。

馬場 こういうことに取り組みますということを披露した人はいなかったのではないでしょうか。そのときに社長が心配だから推してくれたのです。社長が考えた長期計画を具体的に歩み出そうということだから、理解者は社長しかいなかったのかもしれません。多くの反対者が出ました。できもしないことに、人材を投入するのかとも言われました。

松島 プロダクションセンター構想はその後どういうふうに動いたのですか。

馬場 網干工場内に人を集めてプロジェクトをつくりました。工場内で小河さんと革新的な考えで積極的に動いてくれる人材を集めたのです。1996年です。

松島 1995年にはまだ動いてないのですね。

馬場 動いてないです。1996年に発足したのです。

松島 それが次世代型化学工場構築プロジェクト（R21）ですね。

馬場 それです。その間に準備期間があった。それで、人材を集めたのです。これは小河さんが優秀な人を選んだのです。主としてForward会のメンバーも入っています。

◎R21プロジェクト始動

松島 それで始まるわけですね。

第2章　生産革新の取り組み－(2)馬場孝治氏に聞く

馬場　通常、プロジェクトを進めるときにコンサルタントをよく入れます。しかし、結論的に見て、コンサルタント次第で最後のところはわからない、我々が望むものは我々が望むものです。また、コンサルタントの力以上のものは出てこない、コンサルタントの力で押さえられてしまう。だから、自分たちがやりたいことは、コンサルタントなしでやらざるを得ないなという気持ちをもっていました。しかし、それに気がつかないから、期待ばっかりする場合がありました。

　過去、日本プラントメンテナンス協会のTPM（Total Productive Maintenance；全員参加の生産保全）をやっていた時期があります。トラブルをなくそうということでやっていました。要はトラブルをなくすことを目指すのです。TPM自体は大変よい手法ですが、当社では、手段である３Sが目的になったり、賞を取ることが目標になって変質していきました。何より運動論として理解されたことにより、やらされたと思う者は、ずっと首をすくめて待っていればそのうちに終止符を打たれると思って待っている。そのため、過去、いろいろな活動が名前を変えては何回も繰り返す、ゼロ・ディフェクトとかQCサークルとか。ですから、この新しいプロジェクトができたとき、「また工場長は始めるのか？」と僕に言ってきた人がいます。

　結論的には、何度も言いますけれども、コンサルタントの力によってプロジェクトの成果は決まるというのがわかってきました。また、当時の社長から、本社の役員に経過報告する会を設けるよう指示を受け、生産革新報告会（R21推進会議，1997年4月〜2001年7月）をつくりました。メンバーを集めて報告していたのです。

　また、僕が常務になっていたので、僕に向かってあまり言わないようになり、周りの人からプロジェクトのメンバーがいろいろと抵抗を受けていたのではないでしょうか。結構言われていたのではないでしょうか。それでも、小河さんのすばらしさなのですけれども、彼はそういう社内

41

の動きの情報のルートをもっているので、僕に言ってくれるわけです。この人に会ってくれとか、この人と協力体制をとりましょうとか。

松島　戦略家ですね。

馬場　ある意味では。僕は彼の言ったとおりに人に会ったりしました。

松島　それは常務になって本社に移られてからでしょうか。

馬場　ええ。本社でもそうだったし、工場長のときでもそうだったです。

松島　常務で本社に行かれて、本社から網干工場はどういうふうにご覧になっていらっしゃいましたか。

馬場　大体、工場長というのは3年ですが、僕は5年半やっているのです。社長がこれを任せたということで5年半やっているので、ぼつぼつ人事異動があるのではないかと思っていましたら、本社の生産技術本部長に異動になったわけです。

　　　僕は本社の生産技術本部長になって、全社のコストダウンと生産性向上を見てくれ、と。当時は本部長制でしたから、工場を全部担当しなさいということになったのです。網干工場もその一つです。

松島　それは1997年ですね。網干工場はまだ火が燃え盛っているときに移られたわけですね。

馬場　そうです。

松島　本社から見ていて心配ではありませんでしたか。

馬場　いや、小河さんがいたからね。何かあったら必ず彼は言ってくれますから。

◎R21プロジェクトの完成

松島　先ほどお話しされた考え方を全社に展開するお立場になったのですね。

馬場　まだそこまで行ってないです。網干工場がまだ完璧にできていませんから。なおかつ、低成長期時代でまだ心配されていたかもしれません

第2章　生産革新の取り組み―(2)馬場孝治氏に聞く

が、計画も1年延期しました。

安藤　最初は1999年完成を2000年完成に延期していただきました。

馬場　R21の完成を1年延ばせと社長から話がありました。よく念を押しておけといわれました。いまから振り返ると助かったのかな。

安藤　助かりました。

馬場　社長はよく見ているのです。

安藤　あのまま強引に行っていたら失敗していました。

馬場　当時の社長は、主力工場だからもう一回見直せ、1年延ばせと言われたのです。中期計画のときに、2000年の完成にしなさい、よく確認しなさいということを言われたのです。みんながっかりするかなと思ったけれども、あんまりがっかりしなかったな。

安藤　統合生産システムで総合オペラビリティスタディとかそういうような手法を開発してやっていくためには、検証する時間が必要でした。

馬場　僕は実際にやっていませんし、みなさんに任せっきりで悪かったのだけれども、苦しいとか彼らは言わないから、目標だけつくって、社長も心配だったと思います。後から聞くと、やっぱり心配だったと言っていました。主力工場だから心配だったけれども、信頼する以外にないと言われていました。僕ら（小河さんも含め）を信頼してくれていたのですね。

松島　R21プロジェクトは2000年に完成しますね。そのときのご感想はいかがでしたか。

馬場　技術内容も僕が思っていたよりも立派だったです。もうちょっと泥臭さがあるのかなと思っていたら、スマートだったのです。

松島　スマートというのはどういう意味ですか。

馬場　建物自身から全部ものすごく垢抜けしているのです。

　それから、工場業務を統一化するという思想において、生産技術に関わるものを統合するという、いわゆるプロダクションセンター構想が

43

きっちりできあがっている。僕は、すごいところまで登りつめたなと思いました。僕の最初の構想はあくまでも操作室の統合です。一つの工場に一つの操作室。途中で聞いてみましたけれども、それが完成したし、すべての機能が集まるプロダクションセンターが完成したのです。これはすごいことをしてくれたなという思いです。

　それと同時に、2000年に社長が小川さん（現 相談役）に代わられて、関西化学工業協会（関化協）の副会長はダイセルで、次は小川さんが会長になるというので、副会長会社は専門の委員を選出することになっています。技術委員は副会長の会社から出す。会長会社は総務の部長を出すということで、僕が関化協の技術部長になったのです。

　それで関化協へ挨拶に行ったら、一回講演してくださいというわけです。過去の経歴でみなさんに役立つとは言わなかったですけれども、やってこられたことでしゃべってくださいと言われて、僕は工場にずっといて全然話すことがないのでどうしようかなと思ったけれども、いまやっ

◎工場見学風景

てきたこれしかないなと、小河さんと共に関化協に初めて対外発表した
のです。

　僕が最初に、それこそなぜこれをやる必要性があったかとか、発想は
どうだったかということを話し、小河さんが具体的にこれをどういうふ
うに組み立てて完成したと説明しました。その後、ものすごく反響が出
てきたのです。それで、関化協で工場の見学会をさせてほしいというこ
とで、工場見学も初めて行われたのです。

◎R21プロジェクトの反響－各社共通の課題が見えてきた

松島　それは2001年ですか。

馬場　2001年です。関化協で発表した翌年です。

　自分たちのやったことで初めてよそも同じことに興味をもったり、
困っていることがわかったのです。それまでは対外的な発表なんて全然
考えてないです。自分の工場をどうしたらいいかなどを話したら、もの
すごく反響が出てきたのです。多くの質問も受けましたし、工場見学さ
せてほしいというのです。ダイセルだけでなく、多くの工場が困ってい
るのかなと思いました。

　小河さんが次に計装制御技術会議で、東京で講演をされたのです。東
京で講演したときにこのときも同じような内容で話しました。学会の発
表で、ダイセルの専務と技術担当の課長クラスの人と組み合わせで発表
するなんて聞いたことないでしょう。目的もよくわかったし、狙いもわ
かったし、またそこで反響が出てきたのです。工場の共通的な悩みであ
ることを僕自身は実感しました。

　講演するたびに私に出る質問は何かといいますと、若い人をどうして
信頼したのですかということですよ。なぜ若い人に任せたのですかとい
うことを大抵聞かれました。

松島　どのようにお答えされたのですか。

45

馬場　一つは、これが完成するのは2000年以降だとすると、これは僕自身も思っていたのですけれども、45〜55歳の人は定年で半分以上いなくなるわけです。30代の人が40そこそこで現場の第一線で働く中堅になって、将来ダイセルを引き上げるのは30代の人ではないか、彼らがやるべきではないかと思っていたのです。小河さんを見ていてそう思ったのです。これは信頼できる。僕に迎合するような45〜55歳の部長はダメだと。だから、コンペをやったときも建前上やっただけで、初めから信頼してないです。僕の言ったとおりつくっていますから、自分らの考えはないです。僕よりももっと保守的ですからね。それが一つです。

　　実際そうなのですけれども、真剣さです。小河さんのリーダーシップかもしれませんけれども、若い人たちは真剣に僕の言うことを聞いてくれます。ごまかすということは絶対にないです。僕自身を信頼してくれましたから、それは非常にありがたかったです。若い人たちに任せると同時に、真剣に取り組んでくれることがわかっていましたから、彼らに任すべきではないかという、その二点です。

　　現実に、その当時の30代から40代の人がいまメインのポストに座っています。僕らが仕事を一緒にした連中が。

◎若手社員を信頼する－自主勉強会の熱意

松島　いままでよくわからなかったところが理解できてきました。若い人を信頼できるというのはいいですよね。なかなか難しいですけれど。

馬場　従業員クラブで車座になって意見交換して、真剣だなということがわかりましたからね。

松島　いま、馬場さんが若い人が真剣に取り組んでいるから信頼できるとおっしゃいましたが、そう言えるのは幸せだと思います。

馬場　僕も、やるという気持ちが強かったですから、どうやったらできるかということは考えていましたけれども、若い人でないとダメじゃない

かなと思いましたので、これは年寄りにいくら言ってもダメだなと思って。

松島 難しいですね。20歳ぐらい年下の人に、それだけ信頼をおける部下がいるということは幸せですよ。

馬場 小河さんに、ここ（Forward会）で僕と話をして、テーマを出したら確実にやってきて、これはできるなと思った、それもあったのです。彼は力をもっているなと。僕の言ったとおりにやってくれました。こうしなさい、ああしなさいじゃなくて、こういうことをしたいのだということに対して彼は具現化したのです。だから、彼は僕の意を酌んで、彼なりに組み立ててくるのではないかと。

　だから、これは彼に会っていなかったらできなかったかもしれないです。違うものになったかもしれないし。

松島 人のそういう熱意というかエネルギーというのは伝染しますね。やっぱり小河さんだって一人ではできないしね。

馬場 最初の構想で、新商品開発をどうしたらいいかということを僕に相談に来たので、僕は、生産技術で生き延びるべきではないかということを言ったら、それをすぐ理解しました。

◎工場をよくしたい－工場長としての取り組み

松島 社内にはいろいろな意見があったと思いますが、どのようにまとめていかれたのですか。

馬場 非難のネタにならないように、僕は文句を言ってきた人は傷をつけずに配転するということを無性に考えました。彼に傷がつかないように配転してやる。絶対に外へ出ないようにしよう、文句が出ないようにしようというのは無性に考えました。だから、よそへ行って、生き生きとするような職場を探しました。

松島 たいへん失礼な質問をさせていただきますが、そういうマネジメン

トというのは、どこで身につけられたのでしょうか。

馬場　配慮しました。会社はきれいな所ばかりではありませんからね。

松島　それがすごく大事だという気がするのです。

馬場　プロジェクトを突っつかれるのは嫌だというのもありましたから、それは正直言いまして配慮しました。

松島　その配慮がすごいですね。大体、事をなすときにはその問題は必ずある。難しい仕事であればあるほど中で当然批判も出るし、批判を蹴散らしていくというのもあるけれども、なかなか難しいし、そうすると逆にプロジェクトに早く仕上げるという負荷をかけますものね。

　　今日お話を伺っていて、1999年を2000年に延ばしたとか、いまの馬場さんのお話とか、大人の芸が幾つかありますよね。これが僕はなかなか難しいところだと思いますね。大人の組織でないとできないという気がしますね。

馬場　結果論的に、できあがったからいいですけれども、そのころは必死でやっていました。

松島　本社に行かれてからも心配だったろうなと思います。

馬場　僕は工場長をしていたときに、「工場長というのは何もしないで次のポストへ移ったほうが楽なのに、あなたは何でこんなことを考えるのか、常務になってから何で苦しんで敵をつくって」と、それまで会社の中で言われたことがあります。「工場長で常務になったら大体名を遂げたじゃないか、それなのに何でこんな苦しいことを、みんなに反対されながら、工場・会社をよくしようという意欲で若い人たちとやっているのだ」ということは言われました。

松島　何とお答えになりましたか。

馬場　「工場が好きだから」とは言っていましたけどね。工場をよくしたいのだという気持ちは言っていました。

松島　工場をよくしたいということ以外に何かありませんか。

48

第2章　生産革新の取り組み−(2)馬場孝治氏に聞く

馬場　当時は夢中でした。対外的に認められるとかそんなことは一切考え
　　ていませんでした。後から結果的になりましたけれども、当時はそんな
　　ことは全然考えもしなかったしね。

松島　「この工場をよくしたいから」というのは大変重たい言葉ですね。馬
　　場さんは工場一筋ですものね。ご自分の人生みたいなものですものね。

馬場　そうですね。

松島　この工場に対する思い入れみたいなものは、工場長時代に何らかの
　　形で出されましたか。

馬場　言った覚えはないですね。僕の話を聞いたときに悟ってはおられた
　　かもしれないですね。

松島　小河さんは、若手が案を出したとき馬場さんはこの案を採用される
　　と思ったと言っていました。なぜかというと、馬場さんは工場に対する
　　思いがおありだから、工場が好きだからと言っていました。

馬場　僕はそれに乗りました。だけど、一応ステップを踏まないとね。部
　　長はどうせ僕に迎合していい加減な案をつくってくるだろうということ
　　はわかっていました。

松島　部下の立場だったら、あのときに部長を飛び越えて若手が案を出す
　　というのは難しいです。出した後、拾ってくれるという読みがなかった
　　ら、本当は出しにくいと思います。

馬場　もしも形の上で部長の顔を立てて部長案をつくって立て直していっ
　　たら、若い人たちはつぶれて、もうやらないようになるでしょうね。

松島　そうだし、まず出さないですね。

馬場　はい、顔を見ていますから。

松島　出して、受け入れられないと思ったら、あるいは建前でちゃんと仕
　　上げてもってこいと言う人だったら、出さないと思います。馬場さんは
　　見られていたのですよ。

馬場　そうかもしれませんね。

49

松島　僕はそこをすごく感じました。だから、工場長としてこの工場をよくしたいというお考えをおっしゃったのですかとお聞きしたのは、ご経歴を拝見して、たまたま来た工場長が言うセリフと馬場さんが言うセリフと違うような気もするのです。いろいろなことが重なったのでしょうね。

　　　僕はトヨタ自動車株式会社の研究をしていると申しましたが、トヨタ自動車もやはりいろいろな意見を出させる仕組みがありましたね。あれは工場の単位ではありませんけれども、会社の単位で、それを言ったら受け止めてもらえるという雰囲気があったように思います。

馬場　言いっぱなしじゃダメですしね。

松島　ええ。それはちゃんと下から積み上げて、私が取締役から聞くからと言われたら、出せないですよ。その辺がなかなかいいヒントになったなと思いました。

馬場　そうかもしれないですね。

◎人材育成は上司の意識から

松島　最後にもう一つ質問させてください。

　　　この生産革新がうまくいったのは信頼に足る若手がいたからだと思いますが、どうやったらそういう若手が生まれると思いますか。恐らく人事をやっている人は一番その答えを欲していると思います。

馬場　やはり人だと思います。育てたというのではなくて、ある意味、いたのですね。

松島　そうなのですけれども、教育も含めてそういう人をつくるにはどうしたらいいですか。社内の教育以外にもいろいろあるのではないでしょうか。これからそういう人を再生産していかなくてはいけないですね。日本社会全体として、あるいは企業としても、どういうふうにしたらその再生産ができるか。

50

第2章　生産革新の取り組み—(2)馬場孝治氏に聞く

馬場　やっぱりいいテーマを実際に体験させて、成果をきちっと認めてあげたら人は育つと思います。テーマがなければダメです。テーマをつくるということは、上司がしっかりしていないとダメですね。

松島　テーマは難しいですね。そういう問いを設定するのは難しい。

馬場　テーマを設定して、それに応えるか応えないか、応えた人は育つと思います。会社の中では人を育てるという意識で仕事を与えていないかもしれないですね。僕がこのプロジェクトをやったときに、20年後に彼らが中堅になるのだから、という気持ちはありました。現実にそれは実現できましたから、そういう気持ちはありましたし、育つのではないかと思いました。やっぱりいいテーマというか、上司にその意識がないとダメですね。

　逆に、僕自身も、会社へ入った後、よく使われたのです。ものすごく使われたということは、テーマを与えられて、それに僕は応えようという気持ちが強かったから、ある意味では技術屋としての力は付いたのではないかと思います。

松島　そうですね。分担を越えてやっていますものね。

馬場　だから、自然に力がついたのかなと思います。

松島　それから、横串ですよね。

馬場　引き出してあげないといけないかもしれない。やはり人を見る目を上司はもってないとダメですね。近視眼的ではなく、一人ずつできるとか可能性があるというのは見つけないといけませんね。

◎活気ある組織へ—現場をよく知る

松島　よくわかりました。馬場さんは製造部の設計のポジションでやられたわけですね。あれが大事なような気がするのです。組織の中で何か新しいことをやっていくためには、刺激がないとね。恐らく製造部のほうは、やってくれてありがとうというのと、設計に負けてたまるかとい

51

うのと、両方あったはずですよね。そういうのがないと、一生懸命やっているつもりでも従来の殻は破れないものだと思うのです。馬場さんがそういうことを気にしないでスポンとやられたような仕事の仕方が出ると、組織は活気づくような気がするのです。

いまは多くの組織で行儀がよくなってしまっていると思います。言われたことはやる、言われたこと以外はやらないというお利口さんになっているような気がする。だから、そういう人をどうしてつくっていくか。

Forward会も言ってみれば職能を越えてやっているわけですからね。

馬場 そうです。僕は呼ばれて初めてそんな会があるというのを知ったのです。来てくださいと言われてね。

松島 そういう雰囲気はダイセルの中に元々あったのでしょうか。

馬場 僕のころは、課長になる前もそういうのはあったのです。僕もForward会というのがあるのは知らなかったけれども、呼ばれて、ああ、いまも続いているんだな、一生懸命考えてくれてるんだというのがわかりました。

もう一つ、後から振り返って、僕は工場が長かったですから。工務部にもおりましたし、製造部や技術開発にもおりましたので、現場の人をよく知っています。若いころからおりましたから、オペレーターの人たちと現場で仕事のことをいろいろ話していたので、僕が工場長になっていろんな問題があって現場で話し合う場を設けたときに、馬場さんだから言うことを聞くと言う人がいっぱいいました。信頼できるから、私たちのことはおかしなことはしないだろうと、正直言われていました。工場が長かったことによって現場の人をよく知っていましたからね。

松島 長くいたというだけでは現場を知るということにはなりませんよね。やっぱりしょっちゅう現場に行ってらっしゃったのですか。

馬場 設計をやっていましたから現場へはよく行ったし、製造のときもよく現場へ行っていました。

松島　技術屋さんで製造をやられる人は珍しいのではないですか。

馬場　そうでもないです。多いです。

松島　そうですか。

　　　長々とお疲れのところを済みませんでした。大変理解が進みました。ありがとうございました。

⑶ 小島昭男氏に聞く

◎Forward会での議論⑴－新事業開発について

松島 Forward会について聞かせてください。小島さんはなぜ参画したのですか?

小島 いまは小河さんは怖い存在ですが(笑)、当時は面白かったです。本当に会うのが面白くて楽しみでした。最初、小河さんが工場の若手を集められ、Foward会という勉強会をされていました。私はそのメンバーではなかったのですが、たまたまメンバーの方から呼ばれて同席していたら、小河さんが、こんなことがしたい、あんなことがしたいという提案をされていたのです。それを聞いて、私も当時は生意気盛りで、いろいろとそれについて文句(自分では意見のつもりですが)を言ったのです。そうしたら、帰り際、自転車で後ろから「お前、面白いな。一緒にやろうや」と声を掛けられました。小河さんは、まず、工場の若手スタッフに、広く平等に声を掛け、その中で手を挙げた(文句を言ったのも、手を挙げたことになるらしいです)人を集めてメンバーを構成していったらしいです。

松島 でも、いまの手順は大事だと思います。もし最初からセレクティドメンバーだったら本当に面白いメンバーは来ないと思います。ある一定の基準でワッとみんなに声をかけたから、声をかけられた方は気軽に来られた。

小島 興味のない人は自然にドロップしました。こんな面倒くさいことは嫌だと思った人は集まりに出なくなり、面白がる人たちが残ったのです。

松島 これはすごく大事ですね。Forward会から話が始まるとその解釈が

55

難しい。最初から選んで徒党を組むというようなことでいいのかというふうに思われてしまうけれども、いまの小河さんの手順は正しいと思います。形式的な基準で声をかけて、嫌なやつは去っていく。自分の意思で残り、その中で残したいやつは小河さんがつかみにかかる、こういうことですね。

　このプロセスは大事です。わかりました。Forward会はどこでやっていたのですか。

小島　社員用の第二クラブという会社施設です。

松島　どんな議論をしていたのですか。

小島　まずは、新事業開発についてでした。成熟事業ばっかりなので、新事業開発をしようじゃないかというので、セルロースからやろうじゃないかとか、面白いパルプは何やとか、そういう話をワーワーやっていたのです。それから、温めていた案である工場の将来構想。ワイワイガヤガヤいろいろなテーマを持ち寄って、一人1,000円ずつ出し合って、飲んで食べて議論して。

松島　自前で？

小島　もちろん自前です。第二クラブという社員用の施設は予約さえすれば、場所としてのみ、自由に使えました。毎週水曜日の夕刻から集まりました。当時は、水曜日はノー残業デーだったので。いろいろとアイデアを持ち寄り、プランらしきものができたので、一回我々の意見を工場長に聞いていただこうということになりました。

　当時の網干工場長の馬場さんに会に来ていただき、馬場さんから、「俺たちは、工場マンだよな。新事業は研究所に任せて、工場の将来構想をやろうじゃないか？　プロセスエンジニアとして100点満点の設計になっているか？　その分、オペレーターの作業負荷になっているのではないか？　もっとよい工場にしよう」と。「それは面白いですね」と言ったら、「そうしたら、コンペを俺が提案するから、君たちも考えてみて

56

くれや」と言って、そこから工場の将来構想一本にテーマが決まったのです。

◎Forward会での議論⑵－工場将来構想に一本化

松島 そこのプロセスもすごく面白いところですね。そこをぜひ伺いたいのですけれども、新事業開発と工場改革は少し違うじゃないですか。馬場さんが、新製品開発よりもこっちだと言ったときの感想はどうですか。

小島 新事業開発と工場改革のどちらのテーマを最後に選択するのはリーダーの小河さんですけど、僕がこの会に参加したのは、不条理・不合理なことが会社の中にはものすごくあるじゃないですか。自分が手を動かして実務をやっているときって、不平不満というか、もっとここはこうしたらいいのに、ああしたらいいのにって、いろんな思いがある。だから、現業というか実際にやっている事業、そういうものを見直す方が、現実的で必要というか、やらなあかんと思うのは強かったですね。その思いは、いまでもそうです。面白いかどうかと言われたら、確かに新規事業は面白いと思います。でも、特に中堅のスタッフのころは、第一線というか、お客さんに会ったり、品質の問題とか生産性の問題とかに自分自身が直接、関わっているじゃないですか。そういう問題の根底にある『モノづくりの抜本的な改革』をするためには、新しい切り口で何かを考えることは必要だし、それをやったら必ず会社はよくなると思いました。

松島 Forward会の方向転換は、7～8人のメンバーですんなりいったのですか。

小島 すんなりいきました。むしろ、みんなでいろんなことを考えようというのが趣旨で、開発のメンバーが多かったので、その手始めに新規事業をフリーに考えようかというノリだったから、順番を入れ替えて、工場の将来構想を考えよう、と。

松島 そこの方向転換は一つの節目ですよね。馬場さんのリーダーシップ

はなかなかすごいね。

小島　そうですね。馬場さんのモノづくりに対する姿勢や思い、思想に直接触れさせていただき、経営者はこう考えられるのだなと、感動しました。

松島　具体的にはどう企画していったのですか？

小島　小河さんが白板に構想やイメージを絵にして皆に示し、それがわかりやすいので議論になる。小河さんがサッと白板に簡単に書かれるポンチ絵はすごいのです。普通の人は描けないようなものをいとも簡単に描きます。それを私はみんなにわかりやすく、プレゼン資料にするために、パソコンで絵や図にしたり、色を付けたり、言葉を入れたり、具現化するための美術班のような役割をやっていました。

　　小河さんは、私がそうして具体的な絵にすると、また発想が膨らむのだそうです。そうすると、こんなことをやろうと新たな発想を出されます。するとまた私が絵にする。そうやって、みんなでアイデアを増殖させていったわけです。

松島　そういう感じの作業だったのですね。では、Forward会のスタッフメンバーが、週1回ぐらい議論していたのですか。

小島　毎週水曜日。それで3カ月でプランを提出して、工場のコンペに掛けられました。それが工場案になって、そのまま本社に工場の将来構想案の中期計画案として提出されました。

松島　R21になるのはもう少し後ですね。

小島　だいぶ後です。

松島　そのプランが採択された後は、どうされたのでしたか。

小島　本社や工場の部門長の方々によるプロジェクトが発足し、そのメンバーの方々による我々へのヒアリングが始まりました。

　　我々が発想したプランの説明に相当費やしたと思います。結局、最初のプロジェクトではできないということになり、経験をもった会社をコ

第2章　生産革新の取り組み―(3)小島昭男氏に聞く

ンサルタントに雇おうという結論が出され、メンバーも変更となり我々が入ることになりました。

松島　そのときメンバーに入っていくのは小河さんと……

小島　プロジェクト専任は、安藤さん、大瀧さん、馬場一嘉さん、小園さん、内藤さん、難波さん、妻鹿さん、中島さん、山口さん、堀川さん、大場さんなど。プロジェクト兼務として、課長クラスは白子さん、北口さん、戸田さん、花村さんなど、部長クラスは山口さん、井上さん、原野さん、宮田さん、角さん、他にもおられますけど老若関係なく思いを持った方々でした。

松島　それで始まるわけですね。

小島　それが1996年4月でした。プランを具体化するために、FS（フィージビリティスタディ）を開始しました。いまでいう予備調査ですね。

松島　その間、小河さんが本社から呼ばれたりした。説明に奔走していた小河さんをご覧になられていて、どういうふうに思われていましたか。

小島　小河さんは、本社で何が起きているのかを、あまり口にされませんでしたので、我々にはよくわからなかったです。しかし、どんな感じかは雰囲気でわかりますので、我々は、我々としてできることをしっかりやろうと、みんながさらに一致団結しました。

◎基盤整備活動―もう一回現場に帰ろう

松島　時間も限られているので、基盤整備の話にいきたいと思います。資料を読んでいてすごく感じたのは基盤整備のところです。R21が進んでいくプロセスで一番大事なのは、自分の担当のところ以外にも目を配って意見を言う、虚心坦懐に組織を作り直すというところがこの中にも出てくるのですけれども、それはどういうふうにやっていけたのでしょうか。

小島　どんな素晴らしい仕組みも、安全で安定したモノづくりの基盤がな

59

いと根付きません。そのためにも、いままでの運動のような「やらされ」や「お手盛り」ではダメで、俺たちの工場、俺たちの職場という愛着心をもっともてるようにしたい。まず３Ｓから従来のやり方を変えて、身近なことから変えてみようと話し合い、それを言い出しっぺから率先垂範しようということになりました。

松島　基盤整備活動の本質的なところはどこなのでしょう。要するに表面的なことはわかるのです。３Ｓもそうだと思うけれども、それによってなし遂げたことは何かということをここで伺っておきたいのです。いまのお言葉の中で出てきたことに絡めて言うと、プロジェクトメンバーとおっしゃいましたが、プロジェクトメンバーだけでやったのですか、それとも会社全体でやったのですか。

小島　最初はプロジェクトメンバーだけです。

松島　プロジェクトメンバーは何人ぐらいですか。

◎ディスカッションルーム

小島　先にも挙げましたが、部課長や専任のプロジェクトメンバーも入れて20人ぐらいだと思います。

松島　工場全体に散らばっている。

小島　工場全体です。

　従来の運動や活動は、管理職がリードするとしながらも、事務局を置き、その事務局がライン長にお願いするという形でした。事務局とライン長との交渉の中、妥協もあったかと思います。革新を成功させるためには、厳しいことですが、徹底しなければならない。いままでの活動でも99点は取ってきた。残りの1点を追求し、そこの1点を取れなかったことに、現在の様々な課題の根っこがあるわけです。

　徹底するためには、工場をリードする管理職が一枚岩となり事務局任せにするのではなく、自らやり切るという覚悟が必要だと思いました。現業の部門責任者という側面と、全社・工場最適をリードする全社の共通スタッフという側面の二面を両立させる。

　こういうと難しい話になりますが、この二面両立を、基本的なことから始める。例えば、3Sですと、基盤整備の取り組み、安定化標準化の取り組みを、全社のスタッフという側面で企画し、部門の責任者という側面で推進実行するという行動パターンを修練することから始めるという意味が基盤整備にありました。

　また、革新でワークスタイルが変わる過程で、まず地道な当たり前のことからやろう、いままでのようなカッコつけたことはもうやめようじゃないか、自分たちに一体何ができるのだということを話し合い、みんなでゴミを拾おうとか、みんなでペンキを塗りに行こうとかいうことになったのです。

　そしたら、そういうことは結果が出るじゃないですか。単純でも、草を引いたらなくなるので、それで、ああ草はなくなったとか、きれいになったとか、ゴミはなくなったとか結果が出て、自信をつけていく。

部課長は、現場を熟知しているという自負があるかもしれませんが、本当に自分は現場を把握しているのか？という恐れを抱いている人も多いのです。

　基盤整備活動というのは「もう一回現場に帰ろう」だったのです。現場で何が起きているのか見よう、と。だから、３Ｓの取り組みを「小さなお世話運動」と命名し、自分たちの範囲だけ３Ｓするのではなく、隣の陣地、職場まで大きなお世話にならない程度に重なり合いを持とうという活動を始めるのです。例えば、当時の生産部長であった井上さん自らがポスターや職場ごとの進捗管理表の張替えをするために現場を回って、現場の人と話をして、現場の人の意見を聞いて、いま何が問題なのかという対話を改めて始められたり、部課長がいままでとは違う姿勢で現場へのアプローチを開始しました。

　それをすることによってライン長も、自分があるときまでは現場をよく知っていたのに、いつの間にか現場から離れていたことを再認識するのです。みんな知ったかぶりだったんです。だから、もう一回現場とつなぎ直すということでやると、いままでの遺産がゼロではないので、そういうことをやるとまたフッと部門長としての勘が戻るのです。そうすると、現場はやっぱりこういうことが問題だと言えるようになってくると自信をもって、昔の勘を取り戻せるわけです。

◎所属部門を越えて見えること

松島　現場主義の復活と考えていいですか。そこから出発しようということですね。そのときに、組織が分かれていますけれども、その持ち分を越えて工場全体ということですか。

小島　そうです。工場全体をみんなで「ミル」という姿勢に変えていったのです。それはいきなり難しいことからはできないので、３Ｓや日常的な地道な取り組みから全体を見ようということで、全工場を回りました。

松島 そこは重要ですね。そうすると、いままでの自分の所属する部を越えて見に行く。

小島 そうすると見えてなかったことも見えてくる。新人ではないので、そういうことを一つ知れば、俺は昔こんなことをやっていた、と。そうすると元々キャリアがある人ばっかりなので、繋がってくるのです。

松島 わかりました。「小さなお世話運動」に参加するのはどういうメンバーですか。

小島 部課長と、プロジェクトの専任メンバーです。そのメンバーで、「R21 おたすけ隊」をつくり、率先垂範から始めたんです。それについては、隊長だった安藤さんにお聞きいただければと思います。

松島 自分の所属する部を越えていくわけですね。

小島 そうです。現場は嫌ですよね。他部門の管理職が入ってくるのですから。最初は、どうせ俺たちにやらせるのだろうという思いもあったのではと思います。しかし、ずっとそのメンバーだけで夏もやり、秋もやり、冬もやり続けた。それを現場は見ている。部課長のやる気を。その内、自主的に手伝おうかという人が出てきました。

松島 どんな気分でやっていたのですか。僕は、これら取り組みをどう設定するか、小河さんのストラテジックな面、時間稼ぎはストラテジックですね。現場を上の人と一緒に見て回る。小島さんはどういうふうにやっていましたか？

小島 僕は「R21 おたすけ隊」で一緒にやっていたメンバーですけど、少なくとも目に見える結果が出ていくわけです。例えば、３Ｓで現場がきれいになっただけでもそうですし、ペンキを塗っただけでもそうですし、草を引いただけでもそうです。それから、その目に見えることはトラブル低減の話とかに、だんだんとなってくる。目に見える結果が出てくると、やっている側は、目に見えないよりも、はるかに楽なのです。真夏の草引きが暑くて、いっぱい汗をかいて、脱水症状になっても、結果が

目で見える方が、人間は精神的には楽なのです。

松島 そういう面と、僕は部署を越えてというところがすごく大事だと思います。それによっていままで見えていなかったところが見えてきて、ああ、そういうことになっていたのかというような驚きもあったのですか。

小島 あります。

松島 ほかの部門とのやりとりも発生しますしね。

小島 それもありますし、実際に現場の隅々をまわって３Ｓや基盤整備をしていると、工場というのは、ここまで問題が多いんだということに気が付いてきます。

松島 それもわかるのですか。

小島 わかります。例えばあるプラントは最新鋭だと言われてきたのですけれど、実際に現場へ入っていくと、あちこち古くなって腐食が進んでいる。結構、老朽化がきてるなぁ、基盤整備が不十分だなあと、社内でみんなが言っているイメージと全然違う。

　部課長とプロジェクト専任メンバーが、こうやって現場で実際に手を動かして３Ｓや基盤整備を実践し、現場の状態を共有化ができたと自信をもてるようになって初めて、本当の意味でのクロス・プロジェクト体制に移行し、ミドルマネージャー主導のプロジェクト推進にいよいよ入っていけるようになりました。

◎クロス・プロジェクト−工場全体を見る視点

松島 クロス・プロジェクトはプロジェクトメンバーと現場の課長で構成されたのですね。

小島 はい。従来の改善運動のやり方であった事務局と実行するラインという役割分担を抜本的に見直し、全体最適を実行していくため、ライン長が企画する役割と実行する役割と一人二役をする。具体的にはある課

長がある基盤整備テーマのリーダーになり、他の課長は、そのメンバーになる。これを複数テーマやりますから、課長さんはリーダーとメンバーを両方体験します。

松島 それは重要ですね。現場を見ながら、これをどうしたらいいかという問題の設定ができるようになるということですね。

小島 そうです。僕らの弱点はそこだったのです。我々は生産現場を知っていないな、ということは、プロジェクトの推進者として何も言えないよな、ということに落ち着いていったわけです。

松島 それで、現場から入っていったわけですね。

小島 製造課という領域も越えますが、生産と設備という範囲も越えて、全部見ていかないといけないのじゃないか、と。
　　工場全体をもう一回見るというところがすごく大きいと思います。

松島 それが基盤整備なのですね。すごく大事な話ですね。

小島 予備調査の後、基盤整備に入りますが、自分たちがわかってないということは、まずリーダーが自ら率先垂範しないと見えませんので、基盤整備を実行する組織体としてクロス・プロジェクトを行う際に、部門を越え、工場現場全体を横串で見て考えるということは、大変重要な意味があるのです。

松島 プロジェクトメンバーの部長もいるじゃないですか。部長も理解しましたか。

小島 されていました。課長クラスがクロス・プロジェクトを主催し基盤整備に取り掛かり始めたら、部長のみなさんから自分たちは何をしたらいいのかという声が出ました。最初、草抜きから始め、３Ｓでも同じ作業を共有し、基盤整備という取り組みの中では、仲間でしたから。逆に部長に、「何でもやるから言うてくれ」と言われました。部長からは「課長が明日の課題に取り組んでくれている。今日の課題もまだまだ多く存在している。今日の課題は自分たちのマネジメントの問題から発生して

65

いるのだから、明日の課題に取り組む課長連中がやりやすいように、今日の課題解決に我々は当たろう」と。

松島 そばにいる人はそうだと思うけれども、部長クラスがね。

小島 FSから基盤整備の中で、なぜ、部門を越えてやるのか、いままでの運動と何か違うのか、ワークスタイルを変えるというが、誰が何から変えるのか、部課長と専任メンバーで徹底的に議論しました。本当に徹底的に、夜も徹して、極限まで話し合いました。そのような過程を踏んでいたので、いざ実行段階になるときには、『やれることをやるだけ』という機運になっていました。ただ、見方を変えれば、そういう人だけが残ったということかもしれません。

松島 わかりました。大体ポイントのところは聞けたと思います。僕が今日一番伺いたかったのは基盤整備のところで、「小さなお世話運動」の成立条件があるような気がするのです。それがどういうふうに行われたか。ただ３Ｓだと理解すると間違いだと思うのです。なぜかというと、普通３Ｓをやるときは分担を決めてやるじゃないですか、分担に沿って。いまのエッセンスは工場全体を見るということですね。現場に即して解決策を考えようじゃないか、あるいは現場に問題があるということを確認しようじゃないかということが基盤整備のエッセンスですね。

小島 それも全体で見ようとしている。専門バカにならないようにしている。

松島 そこにエッセンスがある。

小島 やはり、クロス・プロジェクトに意味があるのです。各職場ごとに基盤整備をやるのでは従来の活動と同じなんです。小河さんは基盤整備のテーマ設定も大切だが、その過程で全体最適の視点に移行していくことの方が重要。クロス・プロジェクトのでき栄えが一番肝心と言っておられました。

　当時の僕らには、上から見るというか、リーダーシップの視点はない

かもしれなかったですけど、当時、網干工場で３Ｓをやりましょうと言ったら、当然、自分のエリア意識というか、自分の部門だけをやろうとする。そうじゃないと損や、得やって。R21の後に転勤した堺工場でもそうでしたし、大竹工場でもそうだったのです。R21をやっているときからいままで、そのような損得の概念は全然ないですもの。全体を見るとか、そういった視点はなくても、こういう話で損得を言うなよと思うのです。

松島 しかし、そこはそう簡単にはそういう気分にはならないのではないでしょうか。

小島 そうですね。だから、いまでも物事を損得で言うなと言い続けています。

　僕は、いま、セルロースカンパニーというのをやっている（インタビュー当時；現職はp.(9)参照）のですけれど、例えば、いまは酢酸綿とフィルタートウは一緒のセルロースカンパニーの部門なのですけど、小河さんが酢酸綿の生産の課長をやられていたころまでは、両者は別々の事業部に分かれていて、フィルタートウというのは原料である酢酸綿を使うユーザーの立場だったのです。完全に別の部門です。お客と供給メーカーというか、僕がいたフィルタートウ側から酢酸綿を見たらそういう感覚が部門としてあったのです。だから、自部門で何か問題が起こるとフィルタートウ側では、原料である酢酸綿が悪いせいだと考え、反対に酢酸綿側ではフィルタートウ側自身に問題があるのにおかしいじゃないかと反論するという繰り返しでした。当時、実際には自部門であるフィルタートウ側に根本的な問題があったのに、それを謙虚に見ようとせずに、原料の酢酸綿のせいにしてしまい、自分たちの問題点を謙虚に見ようとはしていなかった。自部門、他部門の損得にこだわると、大切なことに気づかない。そういう損得を言わないように戒めているのは、このときの後悔と恥ずかしさが根底にあるのかもしれません。酢酸綿と

フィルタートウが本当の意味で一つになれたというのは、全体を見るというか、R21を通じて学んだ、こういう発想がなかったら、根底の部分でこの二つの事業部が一緒になるというのはなかったと思うのです。いまでは、我々はもう違和感は全然ないですけど、当時は全く別の部門でした。

松島 ある意味では、企業文化が全体を見て事実に即して議論しようということが根付かせられるかどうかですね。

大変いい話をありがとうございました。

⑷ 安藤隆彦氏に聞く

◎プロジェクトメンバーに入ったきっかけ

松島 1995年にプロダクションセンター構想がスタートしますね。

安藤 そのときにプロジェクトに入りました。

松島 これはどういうふうな感じで入られたのでしょうか。プロダクションセンター構想は、1994年に将来工場構想のコンペがあって、若手グループの構想が通る。しかし、それを実行するのは本社のスタッフが来られてプロダクションセンター構想としてスタートしていますね。これは1995年の終わりには頓挫して、1996年の初めから次世代型化学工場構築プロジェクトが始まる、こういうふうな頭の整理でよろしいですか。安藤さんはその中のどこから入られたのですか。

安藤 1995年の秋です。

松島 最初から入られたのですか。

安藤 そうです。

松島 上司からの指示で入られたのですか、それとも、ご自分から手を挙げて入られたのですか。

安藤 手を挙げたというほうが正しいです。当時、電気計装には十数人のスタッフがいて、課長職も5〜6人いまして、私も課長職位ではありましたが、上に5〜6人も課長がいたために、実務は別にしても、名目上はリーダーをやらせてもらえなかったのです。仕事上の閉塞感を強く感じていました。

松島 最初、33歳で実質的にリーダーをされた時代とえらい違いですね。何でそうなったのですか。

69

安藤 当時、実務としてはリーダーをやっていたのです。酢酸セルロース全体のリーダーとして、十何人の部下を抱えて仕事をしていたのですけれども、組織上の課長が上にいるわけでして、責任はあるけれども権限がないという状況でした。

　もう一つは、我々電気計装の部署は会社の中にあっては傍流の傍流でして、工場では当然メインは生産部で、設備管理やエンジは端のほうにいるわけです。端のほうにいるこの設備管理やエンジでも主流は機械です。電気計装はそのまた傍流です。結局、これまで電気計装から工務部長は出たこともないですし、工場の運転という制御の世界、非常に重要な部分を担っているにも関わらず、なぜ電気計装は傍流の傍流なのだ、なぜ誰もそれを変えようとかしないのかという不満と言いますか鬱積したものがずっとありました。そういうもやもやした状態で、このままでどうなるのだろうか、何か変わりたいなとずっと思っていたところに生産革新の話を聞いたのです。

　だから、僕としては、網干工場を21世紀に勝ち残る工場にしようとか、そういった高邁なことを思っていたわけではなくて、そういう面白いことを何かやろうとしている、ひょっとしたら自分も変われるかもしれないし、そのときの工務部隊、設備管理も変われるかもしれないという思いがあって、手を挙げたのです。行かせてほしい、と。

松島 プロダクションセンター構想は、主力部隊はケミストとケミカルエンジニアが中心だったのですか。電気計装からは安藤さん以外はいなかった。

安藤 ええ。僕も電気計装で行ったわけではなくて、個人として入ったのです。

松島 プロダクションセンター構想プロジェクトも生産革新のはしりだと理解していいのですか。1995年から始まりますね。

安藤 そうです、生産革新のはしりです。

第2章　生産革新の取り組み－⑷安藤隆彦氏に聞く

松島　工場の将来像を検討するという流れはみんな生産革新と考えていい
ですね。

　手を挙げて飛び込まれたということですが、誰に対して手を挙げたの
でしょうか。

安藤　そのときの工務部長です。私の実務の一番上は工務部長でした。所
属はエンジでしたけれども、エンジは実務上は関係ないので、工務部長
に手を挙げて、行かせてほしい、と。

松島　何とおっしゃられましたか。

安藤　分かった。行ってこい、と。

松島　行ってこいと言われてからどうなるのですか。

安藤　生産部の部屋がありまして、僕もそこに机を構えたのです。

松島　行ってこいというのは、そこに入るということですね。

安藤　そうです。そこでプロダクションセンター構想をどうやっていくか
という、組織体とか、どういうステップでいくかとか、何をやるかとか
を議論していました。何をやるかは決まっていなかったのです。小河さ
んらがつくったという構想がありますが、あれは僕も後から知りました。
機能別センター化構想をどう進めていくかというのを決める部隊だった
のです。そういうこともわからずに入りました。

◎やるべきことがわかっていなかった

松島　そこに入っていかがだったですか。すぐにはあまり動かなかったよ
うですけど。

安藤　そうですね。そこは企画する部隊で、いろいろな委員会をつくると
ころでした。その委員会の委員長は本社の人間です。だから、その委員
会を開くときに出張して来られるわけです。

松島　現場の改革のはずなのに、本社の人が委員長になって来るというの
は、ちょっと違和感もありますでしょうね。

71

安藤　昔、何かの改革をやったというか、そこで名を馳せたとかいう人が出てきます。

松島　それでは動かないわけですね。

安藤　全然動かないです。それが1995年いっぱいぐらいです。

松島　その動かない理由は、安藤さんからはどういうふうに見えましたか。

安藤　何をやろうとしているかというのが、みんなわかっていなかったと思います。

松島　自分はこうやりたいという本当のリーダーはいなかったということですね。

　　このころのことについて小河さんからもお話を伺いましたが、最初の馬場工場長のコンペ提案に小河さんたち若手グループが応えて出した提案が、このときのリーダーには理解されていなかったということでした。また、彼らは網干工場のシステム制御を変えるということならダイセルだけではできないというふうに思っていた。だから頓挫した、というご説明でした。安藤さんからすれば、特に網干工場のシステム制御を変えるということならダイセルだけではできないというのは、ちょっと心外ということでしょうか。

安藤　そうですね。

松島　その後、何が始まるのですか。

安藤　1997年3月に基盤整備を実践する「おたすけ隊」をやれと言われまして、「R21おたすけ隊」というこれ（ゼッケン）をメンバーはみんな付けて、プラントとか工場内各所に草刈りとかペンキ塗りに行くわけです。当然、生産現場にも入りますから断りを入れて、「入ります」と言って入る。私はその隊長だったのです。

　　あとは、トラブルも減らさなければいけないというのは当然ありました。モグラたたきで、ここをたたいたらまたこっち側でトラブルが出る、ここをたたいたらまた違うところからトラブルが出るという、非常にト

ラブルの多い工場でしたから、「モグラたたき一掃大作戦」とかも当然やったのですけれども、それが最後のアウトプットを見てやったかというと、ちょっと疑問はあります。でも、「おたすけ隊」を一生懸命やっていました。

我々の理解としては、草がぼうぼうのところではいい製品はできないし、草刈りすると、こんなところにバルブがあるじゃないかとか、こんなところに配管が走っているじゃないかとか、配管から蒸気が漏れているじゃないかとか、そういうのが見つかるので草刈り自体は悪い話ではなかったです。ひたすらメンバーを引き連れてやりました。

松島　メンバーは何人ぐらいですか。

安藤　4人ぐらいだったと思います。

松島　大した人数ではないですね。ちょっと気恥ずかしいこともなかったですか。

安藤　現場へ行くと、「お前らの助けなんて要らんわい」って言われました。でも、草刈りをやっていますと、最初は生産部のメンバーもみんな冷やかな目で見ているわけです。でも、しつこくやっていますと、そのうち一人、二人と一緒にやろうという人が出てくるのです。自分の庭をほかの人が来て草を刈っている。自分の庭ですから、やっぱりわしらもやらにゃいかんと思う人は出てくるわけで、そういった輪がだんだん広がってきたのは確かです。それが1997年3月です。

4月からはP&ID（Piping & Instrument Diagram）の作成に入りました。図面の作成です。

◎P&IDの統一化

松島　これを設計しようということになるわけですか。

安藤　いえいえ、当時図面はちゃんとしていなくて、P&IDというのは建設するときには当然つくるのですけれども、あるエンジメーカーがつ

くったプラントはそこのエンジメーカーの規定に基づいたP&IDがある
し、ボイラーならボイラーメーカーの規定に基づいたP&IDがあるし、
全然違うのです。つくったメーカーによっても違うし、網干工場内の製
造課ごとにも全然違うということで、同じ敷地の中でも、図面を見ても
何を書いているかわからない。それを統一しないと同じ言語で話せない
ということで、P&IDの統一化をやりましょう、そこに書かれている記
号も統一しましょうということをやりました。

松島 それはすごく大きい意味があると思いますけれども。

安藤 大仕事ですが、当初から100点ではなく60点を目指そうというこ
とでした。一からつくることはできませんので、あるものを全部、設備
管理（工務）の書庫へ行って、そこの引出しに入っているP&IDを全部
コピーして、様式はそのままでいいから、それを貼り付けて、そこを統
一できるように修正していったのです。図面を全部書くことはできませ
ん。全部書いていたら何年もかかりますので、そういった手段を用いま
した。

松島 もともとのP&IDを持っている人と摩擦が起きませんか。持って、
管理している人がいるわけですね。その方とそれを書き換えるというほ
うは摩擦が起きそうな気がするのです。

安藤 当然起きるのでしょうけれども。

松島 それでも、どんどん書き換えていくわけですね。

安藤 集めて、全部コピーして同じ大きさにして、それを台紙の上へ全部
貼っていって、P&IDのルールを決めて、配管の入出はこういう記号に
するとか全部決めて、紙を切って全部貼っていって同じフォームにして、
それをまたコピーする。

松島 その作業のリーダーは安藤さんがされたわけですか。

安藤 いえ、プロジェクトメンバーの総力戦でやりました。

松島 何となく雰囲気はわかってきました。それはどのくらいかかるもの

ですか。相当かかるでしょう。何月から何月まで。

安藤 それはちょっとわからないです。始めたのはわかっているのですけれども、いつ終わったのかは覚えていません。1カ月ぐらいだったかな。

◎R21推進室、発足

松島 P&IDを書き換えた後、次は何をやられるのですか。

安藤 居を構えまして、業務総点検とか基盤整備の次の展開に入りました。これらを小河さんは用意し備えていました。

松島 それは1998年ですか。

安藤 1997年だったと思います。

松島 そのときに、運転標準化チームというのができたのですか。

安藤 1998年2月に新しく組織をつくったと思います。製造技術設計チームとシステム設計チームというチームができました。私は、そのシステム設計チームを立ち上げたのです。

松島 それぞれチームをつくって行った作業は、いつ終わったのですか。

安藤 当初は1999年統合ということで走っていたのですけれども、始まりが遅れましたからとても間に合わないということで、本社からの助言もあって、2000年に統合しました。そのための仕様書は結局は1998年いっぱいまでかかったと思います。

松島 セルロースエリアがまず第一だったわけですね。

安藤 そうです。

松島 少し戻りたいのですが、幾つかチームができますね。そのチームは、どなたが指揮して、どうやってつくっていったのでしょうか。

安藤 R21推進室を1998年6月につくりました。

　6月1日にプロジェクトを発足しましてR21推進室をつくって、推進室長が小河さんで、推進室メンバーがいて、その下に製造技術設計チームとシステム設計チームと施工設計チームをつくったのですけれども、

3月の時点では既にシステム設計チームと製造技術設計チームと呼んでいました。システム設計チームは僕がつくって、メンバーを集めました。

松島 実質的には3月ですね。安藤さんから小河さんにやるよと言ってからは、実質的な体制ができていたわけですね。

安藤 そうです。人を集めたのです。

松島 それまでの縦割り組織の中から引き抜いてきた。

安藤 もともとの設備管理とか電気計装でいた優秀なメンバーを引き抜いたのです。

松島 そのメンバーが実質的には生産革新の実際に動いた人たちですね。

安藤 そうです。それをやっていなかったら、これはできていなかったです。

松島 製造技術設計チームは誰がリードしたのですか。

安藤 小河さんです。

松島 システム設計チームは安藤さん。施工設計チームのリーダーはどなただったのですか。

安藤 それも僕です。

松島 システム設計チームと施工設計チームは安藤さんがリーダーになった。

安藤 はい、そうです。

松島 わかりました。それが、小河さんが安藤さんと二人でやったという意味ですね。

安藤 全体のリーダーも小河さんですから、このメンバーでずっと最後まで。

◎統合生産システム構築の苦労

松島 そういうことですか。わかりました。

　まさに前人未到の大規模統合のシステム設計だったわけですが、それ

第2章　生産革新の取り組み－(4)安藤隆彦氏に聞く

を組み上げていくときのご苦労をお話いただけますか。安藤さんが前人未到のことをやったわけですね。

安藤　そうですね。私というか私のチームということですけど。

松島　チームは何人ぐらい集められたのですか。

安藤　6人です。

松島　どういうキャリアの方々ですか。

安藤　基本的には電気計装技術者ですが、その経歴は様々です。電気計装一筋の人もいますし、工場でオペレーターを経験したあと大学を出てから入ってきた人もいました。

松島　いろいろなバックグラウンドを持った方々でメンバー編成をしたのは安藤さんのお考えですか。

安藤　自分で引き抜いてきたメンバーが大半ですが、エンジからの要請で入ってきた人もいます。

松島　安藤さんが引き抜いてきたというメンバーはどういう方々ですか?

安藤　それは電気計装技術者の中で最も優秀だと思っていた二人です。

松島　どのくらいのキャリアの方ですか。

安藤　30代前半の実務経験を十分積んだ二人ですが、その二人ともその後網干工場の電気計装のリーダーを務めました。

松島　現場から引き抜くわけですね。安藤チーム専任になるわけですね。

安藤　専任です。

松島　それは当然引き抜かれた方も困るのではないですか。抵抗はなかったですか。

安藤　抵抗はあったでしょうね。

松島　そのときには、安藤さんも必死だったわけですね。これができなかったらR21が崩壊するわけだからね。

安藤　崩壊しますし、会社に与えるダメージはとてつもなく大きかったでしょうね。

77

松島　辞表を胸にしてやるという感じですか。

安藤　ええ。でも、引き抜かれた方は、当然文句は言っていたでしょうけどね。

松島　中身ではどういう点でご苦労がありましたか。優秀な人材を集めてきて、誰もやったことのないことをやるときの大変だったということは容易に推測がつきますが、具体的にはどういう点が大変だったのですか。

安藤　例えば、DCSを利用するのですけれども、それの能力の見極めをメーカーもできていないのです。やったことがないから。理論上はできるはずだというけれども、やったことがない。

松島　統合すると情報処理量が増えるから、それに耐えられるかどうかということですか。

安藤　そうです。あとはトラフィック上の負荷が耐えられるかどうかです。それと、知見はメーカーも理論上はあるけれども、実際にやってみないとわからないということはたくさんありますし、メーカーはモノをつくる部門とドキュメントをつくる部門が全く別の部門で、間違ったことを書いていることが多々ありましたし、それを信じて実際にやるとできなかったというのも少なくありません。

松島　表示性能がないかもしれないわけですね。

安藤　「できる」と書いてあることが実際にはできないとか、そういったところの見極めとかチェックとかですね。だから、一旦疑い出すと全部チェックしないとできないとか、そういうことを全部積み重ねていきました。

　　　あとは、酢酸綿はフィルタートウも含めて非常に大きなプラントですので、I/O点数だけで大竹工場の2倍ぐらいあるのです。

松島　I/Oというのはインプットとアウトプットですね。

安藤　そうです。非常に大きなボリュームですから、それに対して全部装置を変えていくわけで、そこに対する一つひとつの検証が大変でしたし、

DCSだけではなくて、バックアップ電源を含めた各種電源をどうするのかとか、現場の監視カメラをどうするのか。現場カメラも70台ぐらいありますから、それをどうするのかとか、そういった様々な、一つひとつ見れば大したことない話ですけれども、それを全部短期間で設計していきました。

松島　いまの話から想像すると、一個一個の作業は特に新しいことではない、しかしシステム統合するためには統合するシステムの全体について、どういう仕組みでそれぞれのシステムができているかということを知らなくてはいけない。それが実際に現場でどういうふうな反応をしているかということも知らなくてはいけない。現場の知識と仕組み全体についての知識を持っていないといけないということですかね。その上で一個一個の作業をともかく丹念に積み上げていく。そういう知的作業だということですね。

安藤　それぞれの現場の操作室でやっていた時代には、全部コンピュータに組み込まれているわけではなくて、操作室の中に単独で表示器があったり操作器があったり完全にアナログの世界もあるわけです。いまの統合生産センターのあの形にしようと思うと、すべてDCSの中にデジタルとして収め込まなければいけないわけです。では、これが本当にどうやって収められるのかという詳細設計までやっていかないと、できないですね。それが本当に受け入れられるのか、融合性があるのかというその検証までやらなければいけない。

◎優秀な人間を集める－緻密さ、発想力、忍耐力、知識、理解力

松島　そういうことがなぜ安藤さんたちのチームにできたかということが大事なポイントだと思います。今日のお話を伺っていて、安藤さんの大竹工場で工室統合をやった経験が生きているというように理解していいですか。ばらばらに行われていたそれぞれの工室を統合するときの一つ

のご経験が、統合生産システムをつくるとき、生産革新の中でいまのシステム設計チームを率いてやっていくときにベースとなったと理解していいですか。

　そして、いままでのお話から考えますと、なぜ誰もやったことのない、お手本もないばらばらにやっているシステムの統合がこのチームに短期間にできたかという問いが浮かび上がってきます。それに対する答えとして、もちろん安藤さんをはじめ優秀な人が集まっていたからというのが大事な要素であることは間違いないことですが、優秀さの中味です。そういうことを実現するためにはどういう優秀さが必要かという問いを考えたいのです。

　安藤さんのこれまでのご経歴の中に、ばらばらにやっているものを統合するご経験があった。ばらばらなものを統合するには当然多くの知識を必要とします。それらを丹念に理屈に遡って自分で勉強したり、現場の人に聞いたりしながら粘り強く成し遂げたという大竹工場のご経験があったからこそ、網干工場のより大規模なシステムの統合を成し遂げることができたのではないかと思います。そういう理解でよろしいか、安藤さんのご意見を伺いたいと思います。

安藤　自分ではわからないです。ただ、間違いなく優秀な人間が集ったというのはありますね。誰一人欠けてもできなかったと思います。

松島　優秀というと簡単だけれども、どういう優秀さですか。

安藤　緻密さ。発想力。あとはDCSに対する知識です。それと忍耐力ですかね。

松島　違うものを統合するわけですね。それぞれのことは中心的な役割を担う安藤さんをはじめ3人に最初からわかっていたわけではないわけですね。全部調べ直さなければならないこともありますね。そういう新しいものに対する理解力も必要ですね。

安藤　ええ。だから、仕事は多岐にわたりましたから、担当は全部割り振

るのです。その設計までは各人でするのですけれども、その後、設計検討会を徹底的にやるのです。もう一つは、必ず、なぜそう決めたかという検討書を書かせる。その検討書をもとに設計検討会をチーム内でとことんやる。ちょっとでもひっかかれば、なぜなのだということを突き詰めるのです。僕が納得するまでやる。納得できなかったら、納得するまで説明を求めます。それを積み重ねていくとミスはなくなるし、我々の知識も向上していきます。基本設計ができるかできないかというのはその人の能力に関わりますが、その能力を持っているか持っていないかというのは言葉では言い表しにくいです。

松島 そういう能力をどうやって身に付けさせるかという問題がありますね。

安藤 そういう意味では卑怯ですけれども、能力のある人間を引っ張ってきた。

松島 安藤さんが、引っ張ってきた方々について能力があると判断したメルクマールは何ですか。

安藤 それは、一を指示すれば十の仕事をちゃんとやってくれるということです。みんなのそれまでの経歴もありますし、大体はわかります。

松島 まず、指示に対する理解力が必要です。具体的にある指示があったとして、次はこれと関連する、これはこうでなくてはいけないという論理的に演繹して考えられる力がなくてはいけない。それはもともと知っている範囲が広ければもちろん演繹はしやすいだろうけれども、知らないところにも演繹は及ばなくてはいけない、あるいは怪しいと思ったらそこで徹底的に突き詰めるサイエンティフィックな関心も強くなくてはいけない、ということですね。理論的に詰めて考えていく能力がいりますね。

安藤 そうですね。

松島 それは仕事をして、見ているとわかるものですか。

安藤　わかります。

◎各エリアのシステム統合の勘所を押さえる

松島　セルロースエリアの統合生産センター（IPC）統合が2000年にできて、一区切り付いたのでしょうか。その後のことも伺いたいと思います。

安藤　一区切りはつかないです。詳細設計には2年かかりますが、有機は2001年に統合していますので、セルロースと並行して設計業務に入りました。

松島　有機も始めるわけですね。

安藤　そこも酢酸と一酸化炭素のプラントとチオグリコール酸という三つのプラントを統合しました。統合の完成が2001年ですので、詳細設計は1999年から始まっています。ですから、両方を並行してシステム設計チームの中で二つに分けてやっていました。

松島　先ほどの優秀な3人を含むメンバーでされたのですか。

安藤　ほかのメンバーもおりますから、ほかのメンバーも全員優秀でしたので、セルロースメンバーと有機メンバーとをやむを得ず分けて。

松島　その時点で何人ぐらいに増えているのですか。

安藤　増えてないです。

松島　6人ぐらいのままですか。

安藤　はい。だから、途中までセルロースをやっていて、途中から有機に移して。

松島　安藤さんは有機から入られたからご存じでしょうけれども、ほかのメンバーは有機については知らないでしょう。

安藤　知らないです。

松島　勉強しながらされたのですか。

安藤　勉強しながらやりました。

松島　安藤さんは、どういうふうに勉強しろと言われたのですか。

第2章　生産革新の取り組み－(4)安藤隆彦氏に聞く

安藤　彼らもDCSは知っています。実務としてはいままでもやってきていますから。ただ、大規模統合となるとまたややこしい問題がありますけど、セルロースを経験した後に、移っていますから。

松島　勘所を押さえている。システムを統合するということは、どういうことかということはわかっている。

安藤　セルロースでの経験は、大規模統合に対する制約であるとか、ドキュメントに書かれていない内容というのはチームとしてある程度克服していますから、有機に移ったときはその辺は勘案しながらできるという土壌はあります。

　　あとは、DCSは通常は1秒単位の世界なのです。プラントは1秒おきに制御をかける。プラントは瞬時に変化するわけではないですから、1秒に1回コンピュータ計算をさせて出力を出すということが一般的なのです。ところが、電気の世界はミリセック単位の世界で、0.01秒で状態が変わる。普通のDCSでは間に合わないというか、次元が違うのです。有機では一酸化炭素を製造しているところは大型回転機がたくさんありまして、それらは1秒の世界ではなくて、非常に高速の世界です。そういったものは従来もDCSの中に取り込んでいなくて、単独でその制御を組んでいるのですけれども、それを今度はいかにDCSの中に取り込むかということも課題でした。これは非常に難しく、そういった特殊な世界をどうするかというのは随分悩んだところです。

松島　いまのお話はエネルギーエリアの話ですね。

安藤　最後に統合したエネルギーエリアでも同じですが、有機統合時の一酸化炭素プラントの話です。

松島　セルロースエリアから有機エリアに進んでいったのですね。1999年ごろに手がけ、新しいファクターもどんどん増えているわけですね。

安藤　セルロースをやりながら有機もやって、両方の設計検討会もやった。

松島　検討するファクターも、セルロースエリアのときは出てこなかった

83

ファクターも出てくるわけですね。

安藤　いっぱいあります。

松島　それを6人で、増やさずにやった。

安藤　そうです。2001年の有機が終わるまで、ほとんどその日のうちに帰ったことがないですね。もうそろそろ午前1時だから帰るか、というぐらいの毎日でした。

◎ IPCに統合への課題を模索－ピンチ解析によるメリット

松島　それが2001年に終わって、エネルギーまで少し間がありますね。

安藤　2005年完成ですから。

松島　それは何か理由があるのですか。

安藤　実は、大きなメリットが見出せなかったのです。セルロース統合も有機統合もそれぞれ三つあった工室（組織体）を統合することによって、結果的に人が減るというメリットがありました。

松島　セルロースも有機も工室は三つだったのですか。三つ、三つあって、それを一つ、一つにしたわけですね。

安藤　ええ。セルロースでも三つを一つ、有機も三つを一つにしたのです。一つにすることによって結果的に人が減る。当然メリットは出る。だから、これだけのメリットがあるからこれだけのお金をかけてもペイしますという話になります。ですが、エネルギーにはボイラーと発電、そして用水とか排水を処理する水周りという異なった業務エリアがあるのですけれども、それまでに既に個別の統合による合理化をやってきていました。ボイラーと用水、それぞれのDCSのシステムは別々でしたけれども、同じ操作室の中に集約していて、いまさらそれ以上やりようがなかったのです。すぐには大きなメリットがなかったので、新たなメリットを見出すのにちょっと時間がかかった。

松島　エネルギーは、セルロースエリア、有機エリアの統合のプロセスで

それなりの合理化はもうしてしまっているからということですか。

安藤 エネルギーはそれまでにしてしまっている。

松島 原油高とかそういうときがあったからね。

安藤 ええ。網干工場もボイラーは三つあるのですけれども、昔はそれぞれに人が張りついていたのです。それをある時期に一体化して人も減らしてきました。水廻りも用水とか活性とかそういったところも散らばっていたのを1カ所にして、人を減らしてきた。だから、いまさら減らす人はいなかったのです。IPCに統合するメリットを見出すのが課題でした。

松島 模索して、どういう答えを見つけたのですか。

安藤 ピンチ解析です。工場内のすべてのエネルギーロスを計算して、メリットを産み出すというピンチ解析という手法があるのですけれども、それを導入するためにはこういう統合が必要だ、それを導入したらこういうメリットが出て、こういうコスト案になりますというストーリーを作り上げたのです。

松島 そのストーリーというのは、エネルギーも統合すると管理しやすくなるということですか。省エネルギーの発想と似ていますね。対策がしやすくなる。でも、微妙なところですね。

安藤 そこを突っ込まれるとなかなか苦しいところがあるのですけれども、メリットは確実にありました。

松島 エネルギーエリアまで統合しようとした生産革新チームの基本的な考え方は何ですか。

安藤 松島先生はIPCを見られてご存知だと思いますが、真ん中にエネルギー、左に有機、右にセルロースを配置しています。定性的な話ですけれども、有機は電力多消費型のプラントで、電力をたくさん使う。セルロースは蒸気をたくさん使う。どちらかが変調を起こすとエネルギー部門はものすごく振られるのです。

◎統合生産センター　コントロールルーム

松島　「振られる」というのはどういう意味ですか。

安藤　急激な蒸気の圧変動とか電圧変動が起きるとボイラーの運転が突如不安定になるということです。突然一つのプラントがとまったり大型電動機がとまったりすると、その影響を受けて、ボイラーを安定させるために大騒ぎになるのです。

松島　操作上の工夫をしなくてはいけない。

安藤　ええ。ところが、エネルギーの操作室と生産部の操作室が離れていますと、エネルギー側からは何の変動が起きたかというのがわからないのです。突如ボイラーが乱れる。何が起きたんやという話になって、最悪はボイラー停止、発電機停止に至る。ところが、これが両脇にいると、いまはそうなのですけれども、ちょっとした変動が起きるとわかるのです。隣の動きが見えますから。そうすると事前に手を打てる。フィードフォワードですね。何か危なそうやとなったら、エネルギーのメンバーは身構えます。そうすると、従来は最悪停止に至っていたトラブルも、いまは停止に至らないです。状況がわかるので事前に動くのです。定性的で、なかなかお金をもらうときには通用はしないのですけれども。

松島　それはよく理解できます。

安藤　そのメリットはいまも非常に大きいです。

松島　安定操業のメリットですね。

安藤　いまはそういうメリットが確実にありますが、では、その話で持っ

ていけるかというと、なかなか投資評価委員会では。

松島 「これでお金は幾ら節約になるの？」と聞かれますからね。

安藤 ええ。難しいところがありました。あと、全部をDCS化しなければなりませんが、メリットの割に投資額が大きいのです。そこで、小河さんとさらに頭をひねって、工場の全体のエネルギー最適化システムを編み出しました。セルロース部門と有機部門に加え、エネルギー部門の三つをそろえるというのは、馬場さんも含めて我々の悲願でしたから。

松島 そうですか。これは大事な話ですね。馬場さんは本社で応援してくれたわけですね。

安藤 前には出るわけにいかないですけれども、生産技術本部長として、後ろから絶大なるバックアップをしていただきました。また馬場さんだけでなく、経営企画部長の小川さん（現 相談役）、当時常勤監査役の日下さんにもバックアップいただいたと、かなり後になって小河さんから聞きました。

松島 こういうのを統合したのは網干工場が初めてですか。

安藤 日本で初めてです。

◎幅広く工場内を見る－統合生産システムと人材育成

松島 それが生産革新の意味なのですね。非常によくわかりました。

　途中で、2002年に製造技術部長になっていらっしゃいますね。それは実質的な変化はありましたか。このときに安藤さんが製造技術部長になったことによって、安藤さんの守備範囲はうんと広がったのでしょうか。

安藤 広がりました。あと、ケミストも配下になりましたから。製造技術部の中に設備管理グループというもともとの工務部隊と技術グループという化学屋さんばっかりのグループと両方が配下になりました。ケミストも部下になりましたので、だいぶ職域は変わりました。

87

松島　ケミストと設備の関係はどういうふうに理解したらいいですか。プロセス・イノベーションとプロダクト・イノベーションというか、これは連動するか、あるいは連動させるべきかという議論があると思いますけれども、その両方。

安藤　そういう話でいくと、そのどちらでもないです。プロダクト・イノベーションでもないし、プロセス・イノベーションでもなくて、生産革新です。プロダクション・イノベーションです。

　　　製造技術部は何をやる部門かということになってしまうのですけれども、生産部はモノづくりに関わるところですね。製造技術部はモノづくりのための技術を確立する。技術には二つあって、ハードとソフトです。ハードはモノをつくるための設備、ソフトは我々が作り上げた統合生産システムです。この統合生産システムを用いて生産部はいま運転しているわけです。設備と統合生産システム、このハードとソフト両方をモノづくりのメンバーがモノづくりしやすいという、それを提供する側としてハードとソフトの責務を我々は担っているということです。

松島　工場の中でケミストはどういう役割を果たすのですか。

安藤　技術グループは統合生産システムを維持していくというか、ブラッシュアップしていく。そういう目的で技術グループはできている。ケミストはたまたまケミストなのです。まあ、たまたまでもないのですけど。

松島　ケミストが入っているというのは、安定した操業環境ができると、製品を安定するようにするということですか。

安藤　統合の要は知的統合生産システムです。その統合生産システムで安定運転を続けているわけですけれども、プラントは生き物ですから、毎日刻々と変わっていますので、統合生産システムも刻々とそれに合わせて変化させなければいけない。ブラッシュアップさせなければいけないのですけれども、ブラッシュアップさせる責務を担っているのが技術グループです。

第2章　生産革新の取り組み─(4)安藤隆彦氏に聞く

松島　技術グループというのはもともとどういう技術を持っておられる方ですか。

小園　統合のときに製造技術設計チームにいて、総合オペラビリティスタディとか実際の画面設計をやってきたメンバーが、それを維持するために一部残っています。

松島　そういう人はケミストですか。

小園　ケミストもしくはケミカルエンジニアです。

松島　特にケミストを集めたというわけではないのですね。

安藤　ないです。

松島　よくわかりました。

安藤　製造技術部長になってからはそっちの業務も忙しかったですから、システム設計チームの業務になかなか専任はできないということで、エネルギーの統合のときにはそこまでは入り込めませんでした。当然、設計検討会はやりましたけれども、セルロースとか有機統合のときのように専任というわけにはいかなかったです。

松島　わかりました。

　最後に一つだけ伺いたいのです。今日ずっとお話を伺って、安藤さんは工場の分業システムの中で、生産に関して非常に幅広くご覧になっていらっしゃいますが、そういう安藤さんにして初めて、生産革新の中で大きな役割を果たすことができたのではないかと思います。安藤さんはプロセスについても理解があるし、システムについても深く理解をしておられる。どういう設備をつくればよいか、またどういう制御システムをつくればいいかということを理解している。そういう安藤さんのような広い分野に関する経験を持った方を育てるには、どのようにしていけばよいでしょうか。

安藤　やはりある程度経験しないとダメだと思います。小さな建設であっても、できるだけいろんな機会を与えてあげるのが我々の責務ですね。

89

優秀な人だけに建設をさせるということではなくて、できるだけ幅広く
みんなに経験させる、それしかないと思います。

松島 特に、新しいプロセスを立ち上げるときに安藤さんは非常に恵まれ
ていたわけですね。

安藤 恵まれました。ラッキーでしたね。

松島 それでそういう知見が蓄積されたと思うけれども、それが統合生産
システムをつくるときに役立っているような気がするのです。いままで
知らなかったことを何とかキャッチアップして知る。そういうときに原
理を考える。そういうことが重要だったような気がします。

安藤 それと、どういう論理でそれを考えたのかというのを、きっちりと
ロジックとして残すというか、みんなでわかるようにするというのが大
事だと思っていますので、それはみんなにもしつこく、口を酸っぱくし
て言っています。文章にしていると途中でつじつまが合わなくなること
があります。それを突き詰めていくことが自分のレベルアップになりま
すのでね。

松島 新しいプラントをつくるという仕事は、安藤さんの場合はよかった
ですね。これからそれがありますかね。

安藤 少ないですよね。

松島 でも、それをやっていかないと、同じプラントだけいじっていると、
前はこうなっているからこっちもこうするというふうになってしまいま
すね。そういう人ばっかりだったら、少なくともこれはできなかったね。

安藤 そうですね。

松島 生産革新のエッセンスは、そういう人間がいて、いままでの知識、
経験を使って総括をしたということでしょうか。

安藤 よくわかりません。

松島 安藤さんとしては、この仕事はいままでの経験の総集編という感じ
はしますか。つまり、主として1997年以降のお仕事ができたのは、そ

第2章　生産革新の取り組み－⑷安藤隆彦氏に聞く

れまでの大竹工場からの経験のいわば集積があったからできたというふうにお考えですか。

安藤　それはそうですね。だから、自身の実務としては、やり遂げたかなという気はします。

　ただ、もう一つは、先ほど申し上げましたように、電気計装は傍流の傍流でずっと日陰の世界でしたから、それを何とかしたい、陽の当たる世界にしたいと思って、そのために誰かが出ないとダメだという思いはあったのです。その思いからいくと、それが達成されたかというと、まだまだだという思いです。

松島　わかりました。大変勉強になりました。ありがとうございました。

第3章

生産革新

～統合後の取り組み～

全社展開、業務革新へ

小河義美氏に聞く

◎全体最適のための業務革新－全社ビジネスフローを見直す

松島　網干工場改革が完成するのは2000年6月ですね。

小河　第1期は2000年6月ですけれども、実際にエネルギーエリアが統合したのは2005年です。

松島　生産革新から業務革新に展開していくのですが、そのときはメンバーは拡大して。

小河　拡大しました。全体最適化を達成するためには、生産革新をやると、次に業務革新をやらなければいけない。業務革新をやるためには、最初に物流改革をやっておかなければいけないということで、業務革新の新体制に先駆けて、関連会社の物流会社に業務革新のための若手チームを設置していただきました。

松島　生産革新をやると業務革新が必要だというのは、頭の中ではわかるのですけれども、そこのロジックを少し細かく説明するとどういうふうになりますか。

小河　生産現場は、受注から納品までどうハンドリングするかということになります。実際には、生産現場では週、日単位の業務はやっているのですが、期や月単位の計画立案、受注行為、債権債務の管理、こういったことは本社・事業部でやっています。またモノの流れは現場や物流拠点で把握できますが、お金の流れを含めた情報の流れは本社が扱っています。全体の情報を収集し、意思決定の仕組みを改革しないと成就はしません。つまり、モノとカネの流れをどういう仕組みで一元化し、「ミエル化」するかが動機の一つです。

もう一つは、網干工場だけ改革しても、他工場から別の文化を持った人、改革前の文化を持った人が転勤してきたらあっと言う間に改革の火は消えます。全工場で改革をやっておかなければいけないというのがあります。それから、工場を全部やったら改革が全部成就するかというと、必ずさっき言った受注と納品のところで現場と本社が関わりますから、現場だけ改革されても本社の力も強いですから。改革というのは一回工場側が改革したことでねじっていますから、反作用が働くとねじり返されるわけです。ねじったということは、対の側もねじり返しておかないと改革は成就しませんので、そういう意味で受注から納品までの全体最適を行うためには、本社や間接部門と一緒になった改革が必要だったということです。

　三つ目は、とっても大事なことですが、我々が生産革新でやろうとした目的は、お客様を向いたモノづくりになっているのか？製品別の運営体から機能別の運営体に変えたいという思いがありました。そのためには、自社内の成果だけでなく、お客様や仕入先様が当社を選んでいただける存在にならなければ。当社を選択したいと思っていただける安定生産や、品質・コスト・納期のレベルに持っていかなければいけない。その上でサプライチェーンを構築していただけ、お客様と強い絆で結ばれないといけない。サプライチェーンをやるためには、工場は安全安定なモノづくりを磐石にし、かつ高度情報化工場になって、受注から納品までが速やかにお客様や仕入先様と同期できるようにつくっておかないといけないということです。そのためには工場の改革は当然ですが、本社部門も改革されていないといけないのです。

松島　こう理解していいですね。要するに、生産革新というのは単に工場の改革ではなくて、いかにダイセルのビジネスのパフォーマンスを上げるかという改革の一環だから、生産革新をやったら、当然その成果が活きるように会社全体のビジネスのフローを革新することである。

第3章　生産革新－統合後の取り組み（全社展開／業務革新）

小河　その通りです。

◎業務革新室を新設

松島　業務革新のためにはどういうことをされたわけですか。小河さんは
　　工場にいらっしゃるわけですね。これは恐らく大事なところだと思うの
　　です。

小河　私がというより、会社として、2000年に全社の生産革新を推進す
　　る生産革新センターを生産技術本部に設置しています。同時に第二次長
　　期計画がキックオフされ、2002年にカンパニー制に会社組織が移行し
　　た際に、本社に業務革新室が新設されました。

松島　どんなメンバーで業務革新室は構成されたのですか。

小河　業務革新室は、ロジスティクスセンターでBPR（Business Process
　　Re-engineering）を志向したメンバーと、経理出身と物流企画出身とシ
　　ステム出身のメンバーらです。

松島　それは御社の社員ですね。どのクラスの方々でしょうか。部長クラ
　　スでしょうか、それとも課長クラスでしょうか。

小河　いえいえ、課長になるかならないか。網干工場の改革着手当時と一
　　緒です。

松島　担当するメンバーをピックアップして？

小河　そうです。ロジスティクスセンターのキーマンを中心に構成し、物
　　流企画部、また情報システム部のメンバーを吸収し、組織も改編してい
　　ただき、業務革新室に一本化していきました。

松島　それはあらかじめ知っている方ですね。

小河　知っています。

松島　それは小河さんがピックアップしたのですか、それとも誰かにピッ
　　クアップしてもらったのですか。

小河　僕がピックアップした人もいますが、当時の梅野専務が長年の思い

97

として業務革新を実行したいと考えられており、その専務と相談しながら、また前述の部門を一本化し人選を行いました。

松島 そのときに同時に組織統合もしたのですか。

小河 従来の間接部門を発展的に解消することも目的とし、人選を行いました。例えば、情報システム部や物流企画部を発展的に解消しました。

松島 二つの部門の組織、機能は？

小河 企画機能は業務革新室に一本化し、オペレーショナルな機能は事業支援センターに移行していただきました。

　　もう一つ、ロジスティクスセンターも発展的に解消しました。

松島 言ってみれば大組織改革をやったわけですね。

小河 そうです。生産革新で起こす摩擦のほうがまだ軽いのです。業務革新のほうがいろいろな部門にまたがった革新となり、外部の取引先にも影響を及ぼしかねませんし、そこをやるということは相当な覚悟が必要だからです。この組織統合や事前の準備に２年費やしました。

松島 ここのところは力技ですね。しかし、ダイセルでそれが可能だったのは？

小河 当然、小川社長（現 相談役）や梅野専務の強い意思があったからです。さらに、当社では全生産現場の改革の基盤ができていたからです。なぜかというと、生産現場にほとんどのモノの流れや情報はある。この情報が一元化できる風土があるかないかが重要な前提となります。しかし、多くの会社で改革をやると、各社は間接部門から着手しようとするのです。ほとんどの会社が工場は保守的で、まず本社からと。だから、生産革新は後でやりたいという会社がたくさんいらっしゃいます。

　　私は、生産現場のほうがある意味困難で、ある意味楽だと思っています。なぜかというと、生産現場が楽な要素はチームプレーの要素が多いから。困難な理由は、守りの部門だから、固定概念を打ち壊すことが容易ではないからです。

第3章　生産革新－統合後の取り組み（全社展開／業務革新）

　生産革新プロジェクトの発足により全社展開ができるようになった時点で、ほぼ全ての工場の現場での改革着手のコンセンサスが得られ、工場を越えた取り組みが当たり前になってきていました。

松島　工場から変わっているわけだからですね。

◎物流会社の改革－改善の果実をみんなで味わう

小河　その次に、もう一つの準備として大切であったことは、物流会社の改革でした。ダイセルの関連会社でY・S物流というのがあったのですけれども、ここのメンバーと物流会社の改革に着手しました。大切なことはモノの流れを掌握すること。モノの流れがわかるためには物流会社も「ミエル化」しておかないといけない。

　　ただ、物流会社は機能分社化されている場合が多く、本体と一線を画している。このメンバーが立ち上がってくれ、工場と一緒になってやってくれると、モノの流れが一貫してわかる。

松島　中身はどういう改革ですか。

小河　物流会社がまず儲かるようになることです。それまで物流会社はコストセンターみたいな取り扱いをされていて、革新をしても達成感がないのです。改革することで、いまの陣構えでも経常利益をしっかり上げ、その出した利益を荷主にも還元する、ダイセル本体の物流費を安くする、荷主に喜ばれる。あと物流会社にも還元し、社の体質強化に活かす。こういうことを最初の1〜2年でやりました。

松島　利益が上がればそっちにもメリットがあるぞ、という仕組みにしたわけですね。

小河　ええ。その利益は改善で出すぞ、と。

松島　どういう方法でしたのですか。

小河　やはり、ムダ取りからです。

松島　具体的にはどういうふうにされますか。

99

小河 生産革新と同じですけれども、まず業務フローを解析します。データのやりとりとかタイムラグによるロス、意思決定遅れのロスをまず解析します。それから、ムダ・ロスがどういうコストに結びついているかコスト構造解析をやります。

松島 Y・S物流という会社はダイセルだけですか。

小河 ほぼ100％の子会社です。当時一部、一般株主の方はいらっしゃいましたけど。

松島 扱っているものはダイセルだけですか。

小河 大半は自社の荷物です。元請化を計画し、物流の実車率を上げていくことをやっていきました。

松島 Y・S物流は後に社名をダイセル物流に変更されましたが、その会社が儲かるようにして、余計な経費がかかっているところを整理していった。

小河 改善の果実をみんなで味わう。その改善の過程で構内物流も取り込んで、生産と工場とお客様をダイセル物流という会社に一元化できるように業務フローを変えていきました。

松島 ダイセル物流が全部モノの流れがわかるようにした。ダイセル物流は社員みたいなものですね。

小河 そうです。そもそもグループの中の機能分社した会社ですから。ダイセルの物流という機能を担っている会社のコスト構造を変えて、元請化して実力を蓄えて、情報も全部しっかりミエルようにする。2002年に業務革新室を設置するまでにこの取り組みを実施しました。

松島 それを2000～2002年までの間にやっているわけですね。そうすると、この間、相当計画的ですね。業務革新室は部のレベルですか、部より上のレベルですか。

小河 第一階層です。本社の部門で社長直轄です。

第3章　生産革新－統合後の取り組み（全社展開／業務革新）

◎営業部署に求めた変化

松島　そうすると業務革新もできるわけですね。

　　　この業務革新の中では営業が一番キーになるのじゃないですか。

小河　そうです。本社の業務革新室の人数は少数にし、実践組織として、全社横断的な業務革新プロジェクトを発足していただきました。プロジェクトは、各カンパニーからの推薦で営業マンのキーパーソンをリーダーに生産計画や経理、物流などのメンバーで構成しました。生産革新も本社の生産革新センターは数名ですけれども、全社横断的な生産革新プロジェクトは工場の生産部門や設備管理部門のキーパーソンで構成していったのです。

松島　二重構造にしているわけですね。本社部門と全社プロジェクトチームと。プロジェクトチームには各部門のリーダークラスも入るのですね。

小河　生産－販売－研究という機能を有する社内カンパニーは複数生産拠点を複数工場に保有した形になっています。また工場から見ると複数カンパニーの生産拠点が複数存在することになります。事業単位を縦串とし、この改革を業務革新室と業務革新プロジェクトで行い、生産拠点を横串とし、この改革を生産革新センターと生産革新プロジェクトが担い、それぞれのプロフィットマックス、コストミニマムをケーススタディできるように、ミエルようにしなければと考えました。

松島　仕組みはわかったのですが、販売、営業には具体的にはどういう変化を求めたのですか。

小河　営業活動の中のマーケティングという、人がやるべき機能は徹底的に感性を磨いてやってください、と。業務革新では、営業活動に伴うルーチン作業を徹底的にムダ取りして楽にし、前述の人がやるべき領域に集中できるようにする。さっきの生産革新もそうですけれども、ルーチンでやれるべきところはどんどんルーチンにしておいて、クリエイティ

101

ブな業務領域に人はシフトしていきましょうというふうに働きかけました。

　業務革新においても、最初は抵抗がありました。業務を全部標準化するのか、システム化するのかと懸念する声もありました。しかし、営業活動を全て標準化しない、営業の最たるものは長年培った人脈や、膨大な情報の中で、何が生きている情報かということを識別し判断する感性であるわけだから、それは営業マンがやる。しかし、営業ワークフローの中でルーチン業務のところがある、そこに結構忙殺され、本来の人がやるべき業務に時間を割けていない。その時間捻出のため、ルーチン業務を標準化して楽にする。またそれらのルーチン業務についても若手にどう伝承するかが課題であり、そこにも時間が割かれたりしていますから、しっかりと標準化しシステムでフレームにおさめていくと、人がやらなければいけないところが明確になる。そこはシステム化せずにフリーにする。これは生産革新と同じです。それを本社部門の方々にも理解してもらう。

◎活動を計画的に遂行

松島　なるほど、そういうことをやったわけですね。本社の業務革新室は何名ぐらいですか。

小河　できるだけ業務革新室や生産革新センターというコーポレートの立場のメンバーは少なくしておく。ただでさえ、本社に人が多いと、現場にやらせることばかりになる。本社推進部門は少数にする。当時、生産革新センターは私含めて３人、業務革新室は６人だと思います。全社で。

松島　少ないですね。

松島　大体、小河さんと同じ世代の人ですか。

小河　私と同じか、ちょっと若いぐらいです。

松島　それはダイセルという会社の文化革命ですね。

102

第3章　生産革新－統合後の取り組み（全社展開／業務革新）

小河　そうかもしれません。

松島　全ての活動を計画的にやってきた？

小河　計画的に遂行してきたつもりです。

松島　だから、すごいなぁと思いました。小河さんのいまの考えは、相当前からプランをつくらないとできませんよね。

小河　改革をやりながら計画を向上させていったのですかというご質問もいただくことがあります。最初からつくってないといけません。いつごろになったらこうする、次はこう来たらこうする、それがないと全体最適が崩壊します。それを横断的プロジェクトメンバーで、マスタープランを最初に立案します。現状把握から、仕組みの改革案、実行計画、資源配分など、メンバーのそれぞれの問題意識を持ち寄り、共有し、一つの方向性に対して合意形成をします。

◎ダイセル式生産革新－同業他社への展開

松島　大体わかったのですけれども、2005年以降の話を少し伺わせていただいていいですか。

　　　同業他社へも展開していますが、どういうことからそれをお考えになったのでしょうか。

小河　一つは同業他社からのニーズがあった。結果的にお客さんにあたる会社さんからですけれども、同業他社から、我々の工場見学をして、手法を供与してほしいという声が起きた。

松島　それはトヨタ自動車でも同じで大野耐一さんが同業他社あるいは違う他社から求められて見せるのです。大野さんのトヨタ生産システムの場合は、自動車にはサプライヤーがいますので、サプライヤーにもトヨタ生産システムを波及しないと、トヨタは車の部品の7割を外から買っていますから、そこが効率よくならないと全体がよくならない。そこに対する指導をするためにはコンサルティングをする。外部のコンサルタ

103

ントも使って指導していくのです。あと、生産調査室という組織をつくってトヨタ生産システムをブラッシュアップするのですが、生産調査室のメンバーが外部に指導しにいくということをやります。それはいまのように全体の社会まで含めたシステムをつくるというのが一点。

　二点目に、他社から見学に来たら、大野さんはわりとオープンにして受け入れる。トヨタ生産システムはいつもそこにとどまっていないから、まねしようと思っても、他社がまねするころには自社が先に行っているからというのがオープンにする理由ですが、同業他社・外部からのリクエストに対して応えようというのはどういうことですか。

小河　当時、小川社長（現 相談役）にそういう話があると相談したら、手法は陳腐化するからどんどん他社に使っていただいて、むしろ我々は学ぶべきではないのかとおっしゃっていただきました。経営者のご判断が大きかった。

　私自身は、同業他社の同じ生産マンの悩みや課題を伺うと、大変共感することがありました。その上で、自分たちがやってきたことを認めていただき、惚れ込んでこの手法を何としてもほしい、と依頼されたらご支援申し上げたいと思うもの。何より他社の手法を導入するというのは相当葛藤があったと思います。でも頼んでこられた。そういう決断をされて依頼してこられた思いをむげにはできない。

松島　そこは技術者魂ですね。前段の社長のお考えは、大野さんのお考えと近いですかね。要するにとどまっていてはダメだ。先に行かなくてはいかん。だから、現状を見てまねしても、それをプレッシャーに前に進めということだった。

小河　そういうことだと思います。

　技術者としましては、もともと社内で網干工場も三段階に分けてやってきました。その過程も、社内でも他社に手法を展開するのと同じことをやっていたのです。セルロースエリアを革新初期メンバーでやります

ね。次に、第二統合を有機エリアでやるのですけれども、その間でほとんど技術スタッフを入れ替え、手法だけ伝承して、人が代わってもできるかという検証をやった。我々が築いた手段が手法として成立しているのか？人が代わっても効果があるのか？大げさに言いますと普遍性がなければ、手法として言えないと。網干工場の第三期統合でもさらに検証しました。

松島　第三段階というのはエネルギーですね。

小河　同時期に他工場に展開します。

松島　最後に、他社展開について、やってみてどう思われますか？

小河　私たちが考案した手法の背景には、安定化や標準化、全体最適化を疎外する要因があります。仮説といってよいかもしれません。他社に展開する際には、手法の四つのステップの中でも、最初の予備調査というゼロステップを最も重視しています。そこで生産革新で実現するありたい姿、マスタープランをその工場の課長クラス全員で構想していただくのですが、ダイセル方式がその会社にとって有効かも確認します。つまり、我々が安定化や標準化、システム化の阻害要因とした課題、原因、仮説と共通の課題が横たわっているかを検証するのです。いままでかなりの他社の予備調査をご支援してまいりましたが、会社が変われども、私たちが手法を築いた前提となる仮説は、他社でも成り立つということが言えました。

　そこから何が言えるのか、また見えるのか。大げさですが日本のモノづくりの強み弱みが見えてくるのではと考えています。

　最後に、私たちの手法が全てとも思っていませんし、所詮手法は手法です。いつも経営トップから戒めの言葉をいただいていますが、手法を使う人の意思意欲が大切だと。それを踏まえた上で、私たちが実践した手法が他社のお役に立てるなら誠に光栄ですし、生産マンとしてこれにまさるものはないと思っています。

松島 よくわかりました。本日はどうもありがとうございました。

あ と が き

　筆者がダイセル式生産革新を知ったのは、2008年の春であった。筆者はそれまではオーラル・ヒストリーの手法を使って、自動車産業の研究をしていた。ふと思い立って、旧知の経済産業省製造産業局化学課長だった山根啓氏を訪ねた。そのときに、私が手に持っていたトヨタ生産方式についての本を見て、彼が「松島さん、ダイセル式生産革新を知っていますか。これはトヨタ生産方式とは異なる生産方式の革命です」と言って、2008年3月に山根氏が中心になってまとめた生産革新研究会「化学／プロセス産業における革新的生産システムの構築〜新たな生産方式の胎動」という報告書を渡してくれた。

　これを読んで、少なからぬ衝撃を受けた。そこには組立型産業とは異なる論理で構築されたプロセス型産業の生産方式が語られていたからである。これがきっかけとなって、小河義美氏のお話しを聞く機会を得て、網干工場の見学もさせていただいた。

　自動車工場は多くの人とロボットがてきぱきと動いていて、見学者もその動きに鼓舞される。一方、化学工場はプラントが林立しているだけで、外から見ているだけでは活気があるようには見えない。網干工場では、工場内で動いている人をほとんど見ることもなく、その静かさは他の化学工場よりもさらに徹底しているように思えた。工場全体のオペレーションを一括管理する統合生産センターに入ると、そこにはアメリカ航空宇宙局（NASA）のようなコントロールルームがあり、直20名程度の作業者で工場内の全工程を操作しているという説明を受けた。驚いたのは、コントロールルームの脇の廊下に膨大な数のドキュメントが並べられていること

107

あった。これらは、もちろん常にここに置かれているわけではない。小河義美氏がダイセル式生産革新の本質を理解できるようにわざわざ用意していただいていたのだった。その中の一、二冊のページをめくって、そこに埋め尽くされたデータを見て、ダイセル式生産方式を知るには、このドキュメントがどのようにできあがったのかを伺う必要があると直感した。これが生産革新に関わったメンバーのインタビューをすることになったきっかけである。

　一連のインタビューを通じて、筆者が強く感じたことがある。それは、ダイセル式生産革新は、単に現場の生産手法の革新だけにとどまらず、モノづくりに関わる組織全体のあり方、それに関わる人の教育のあり方にまで言及している。「知恵を出し合う風土づくり」、「知恵を出し合う仕組みづくり」、「知恵を出し合う人づくり」という三つの標語からもわかるように、モノづくりの哲学にまで通じていると言ってもよい。だからこそ、網干工場の操業管理システムの改革から始まった生産革新は、やがて全社展開し、さらに業務革新、経営革新へと展開していったのであろう。

　本書によって、日本に生まれた新しいモノづくりの哲学が深く理解され、世界に広く共有される一助になることを期待してやまない。

2015年12月

東京理科大学大学院教授

松島　茂

解 説

ダイセル式生産革新について

1. はじめに

従来、製造業における革新は、商材（モノ、機能）の革新に着目した「プロダクトイノベーション（製品革新）」と、製法や製造設備、原材料などに着目した「プロセスイノベーション（プロセス革新）」に大別された。それらに加え、生産現場を出発点とした生産活動全体の革新として「プロダクションイノベーション（生産革新）」が、再認識されている。

素材産業では、化学的、物理的、機械的な操作で生産され、原料から最終製品までプロセス（配管、塔槽類）の中で形状が変化するため、視認性が低く、製造の過程を代替変数で管理しなければならず、革新の取り組みにおいて、新たな切り口が必要であった。

2008年4月に経済産業省主催による生産革新研究会の報告書[1]が公表されたが、この報告書では、プロセス産業における生産革新として当社の取り組みである「ダイセル式生産革新」が事例としてその特徴や可能性が述べられている。また、「ダイセル式生産革新」を取り入れている各社の事例についても掲載されている。

本項では、この「ダイセル式生産革新（以下、「ダイセル方式」という。）」の特徴について述べる。

2. 生産革新の必要性

化学業界において、国際競争力を強化し、多様化した顧客のニーズを満足するため、コスト構造や高品質生産体制への変革は急務であり、生産リードタイムの短縮、ライフサイクルや機能設計変更に柔軟に対応できる「モノづくり」の仕組み構築が必須となっている。また、企業活動という意味では、グローバルスタンダード化や関係する企業間の最適化を目的とした

情報基盤整備が求められている。雇用の場に目を向けると、オペレーション技術を次の世代へ伝承することは大変重要な課題となっている。

　しかし、このような課題があるにも関わらず、従来型の個別改善や運動論的な活動には限界感があり、プロセス革新に技術者を集約したが、コストダウンは工場固有の課題という認識であった。また、オペレーターの負荷にも限界（集めることのできる範囲で実施した「操作室の統合」、個人能力に依存した「多能工化」に限界）があり、据膳的なシステム化では効果は現れなかった。

　それらの状況を鑑み、従来の延長線上にない、抜本的な改革が必要であった。日本らしいモノづくりの仕組み、つまり技能やノウハウといった人に帰属しがちな知見や経験を顕在化し、標準化・普遍化することで、誰もが活用できる技術レベルに引き上げることが、新たな突破口となり、かつ新たなビジネスモデルを構築するきっかけになると考えた。そのため、固定概念を打ち破り、現状を否定することから着手する必要がある。

改 善 か ら 革 新 へ

部分最適化 ・積み上げ式コストダウン ・個別ものさしによる活動	**安　定　性** 潜在的トラブルの増大 多忙感（ムダ、ロス、ムリ）	**新しい仕組みづくり** **全　体　最　適** ・製造－販売－物流 ・生産拠点 ・顧客、サプライヤー
機械化自動化 ・投資ありきの個別改善 ・手間を嫌う風土	**停　滞　感** 個別改善ネタの限界 国内拠点の空洞化 生産性向上の限界	**人と機械・システムとの分担** ・人（縦横方向）の役割分担 ・部門の機能分担 ・人と機械＆システムの分担
工室統合・DCS化 ・オペレーター負荷の増大 ・集約できる範囲の限界	**生産技術への不信** 安全、安定 コスト、品質 フレキシビリティ	**知　的　統　合** ・意思決定支援機能 ・広域監視－判断－操作支援機能 ・非定常運転支援機能
多能工化 ・属人的技術技能の限界 ・世代交代への危機感	設計、施工 建設費、修繕費	**全社の統一文化** ・生産性の統一指標 ・革新活動の手法化 ・運転・設備管理方法の統一

生産革新

112

◎解説−ダイセル式生産革新について

3.「ダイセル方式」の切り口

「ダイセル方式」において、一つひとつの取り組みは決して特別なことではない。過去の様々な改善活動を総括し、プロセス型産業の特徴を改めて掘り下げ、一過性の活動に終わらせない、仕事そのものを「カエル」改革にすることを狙い、以下の点に着目して整理体系化に努め、それら手段を切り口に、継続的な取り組みを行えるようにする。

- ・人に着目する（意思決定プロセスの紐解き）
- ・全体最適に拘る（部分最適からの脱却）
- ・結果系からアプローチする（成果がミエル）

その上で、それぞれの活動が個別に実行されるのではなく、有機的に結合し、実践する過程で、人の行動が「カワル」ように心がける必要がある。

次に「ダイセル方式」の基本的な考え方について述べる。

3−1.「人」を中心にした革新活動

従来の改善は、人の仕事の仕方を変えるまでに至っていたかというと否定せざるを得ない。運動論的な取り組みや据膳的なシステム化ではなく、仕事の仕方を変えることが基本である。

プロセス型における従来の改善は、原料や触媒、中間物質などのマテリアルと単位操作や固有技術などのプロセス・設備に着目した方法が主流であった（「プロセス革新」）。しかし、それらを正常に維持するために人が常にプラントを監視し、判断し、操作している。そこで、ダイセル方式は、課題発掘の切り口として、まず既存プロセスを肯定し、人が実行している意思決定プロセスに着目し、生産の仕組みや運転方法を総点検し、ノウハウの発掘を行うアプローチを中心とした改革に取り組む。

つまり、ノウハウや技能を属人的なものとして片付けられていたオペ

113

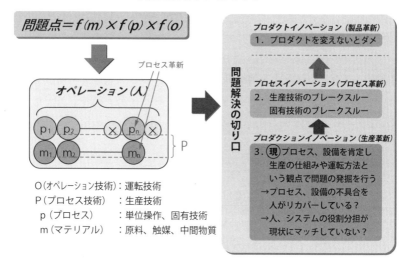

レーションを、真に技術として昇華させる必要がある。このために、後述する総合オペラビリティスタディ手法に基づき、結果系から人の意思決定プロセスを体系的網羅的に整理し、製造技術として、集大成を図る。

3-2. 生産革新の改善ポテンシャル

生産現場の改善は、やり尽くしたという思いがあり、ポテンシャルが小さいと考えられてきた。

しかし、人に着目した新たな切り口（生産革新）により得られる直接効果は、総原価において、労務費や修繕費、在庫諸費用などの経費削減に加え、安定化や切り替え・スタートアップ短縮による操業度向上など主に固定費削減として、大きな改善ポテンシャルを顕在化できる。また、品質改善や収率改善、省エネルギー、物流費削減など変動費削減の効果も小さくない。さらには、生産革新の切り口で、現製法での収益性の見極めを行い、製法転換や原料転換などのプロセス革新の必要性や新たな商品開発（プロ

ダクトイノベーション）の必要性を見極めることができる。

　また、経営面で評価する場合には、収益の観点だけでなく、「投資額」「リスク」を考慮する必要がある。下図にそれらをまとめたが、収益、投資、リスクを相乗的に見ると、ほぼ同等のポテンシャルを有することになる。

　新商品開発やプロセス革新が重要な革新であることは言うまでもない。しかし、生産革新の領域は、切り口を新たにすることで、まだまだ大きな改善ポテンシャルが存在する。経営的には低リスクで大きな成果が得られる手堅い革新であるといえる。

　また、この革新で得られたノウハウは、既存プロセスの運転管理や設備管理をさらに標準化し、定量的効果のみならず、様々な他の革新の新たな切り口に活用できる。革新の継続だけでなく拡大にも結びつけることができる。

プロダクションイノベーション（生産革新）の位置付け

	プロダクト イノベーション （製品革新） 新製品開発	プロセス イノベーション （プロセス革新） 増産、製法転換	プロダクション イノベーション （生産革新） 仕組み・システム改革
収　　益	>	≧	
投 資 額	>	>	
リ ス ク	>	>	
収益×投資×リスク	≃	≃	

3－3．全体最適化の範囲

　これからの統合は「必然性をもった業務統合を実現する仕組み（組織体制、生産システム、情報システム）をつくること」というパラダイムシフトが必要である。

　例えば、「お客様、仕入先との関係」「事業部、カンパニー、分社化における事業分担」「販売、開発、生産、物流の連携」など事業形態や生産形態に合致した全体最適の範囲を決定する必要がある。従来の統合は、製品別運営の域を出なかった。また、同一生産形態であればあたかも統合が容易であると考えがちであった。しかし、モノづくり会社として、顧客のニーズに応えるためにも一つの製品（プラント）の枠で考えるのではなく、原料から最終製品までの流れを考慮したバリューチェーンに留意した統合形態に組み直す必要がある（この形態を「垂直統合」と呼ぶ）。

　オペレーターの多能化も「より広い範囲のプラントが運転できる」という水平的多能化が注目されがちであったが、反面、意思決定階層に視点をおいた垂直的多能化が見落とされ、監督者の負荷をいたずらに増大させていた。多面的な多能化に取り組まなければならない。

　また、生産革新において、共通のモノづくり文化を形成することが大切である。当面のターゲットとして工場単位で活動を展開するが、次のステップとして、全工場へ展開し、さらには製－販－物流の業務革新へと繋げるため、全社の言語やルールを統一し、生産情報の一元化を目指す必要がある。

　全体最適の考え方については、前述したとおりであるが、必要なのは最初からその範囲を想定し、業務革新領域を含めて目指す姿を明らかにすることである。

◎解説－ダイセル式生産革新について

目指す最適化の範囲は？

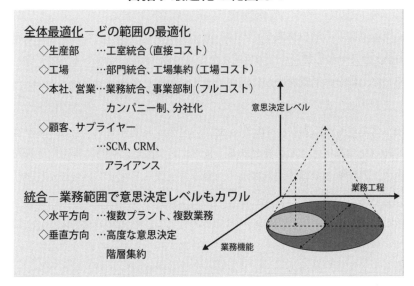

生産革新、業務革新の展開

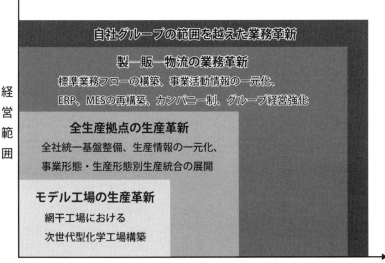

3-4. 上からカワル（ミドルの役割）

改革において最も重要なことは、トップの意思（決断、ミドルへの権限委譲）とミドルの熱意（工場を変えたい、自らが率先して改革を実行する）、そして工場全体活動をいかに展開できるかが鍵となる。

ミドルは、大胆な目標（ビジョン）設定をすることで、現状の仕事の進め方を否定することから始まり、モノづくりに従事する全員に、仕組みの問題点を共有化させる必要がある。また、目標設定と同時に綿密な計画を立て、目指す姿や目標だけでなく、やり方（ロードマップ）も示すことが大切である。

実行にあたっては、ミドルが「やってみせる」必要があり、最初に3S（整理、整頓、清掃）など当たり前のこと、基本的なことから着手することが肝要である。この過程においても事務局任せにせず、ミドル自らが計画立

上からカワル

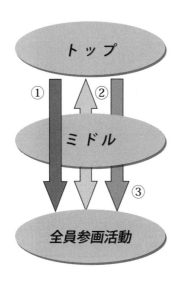

◎解説－ダイセル式生産革新について

案し、試行し、計画を見直し、全員に提案し、実践するというサイクルを廻すことがプロジェクトマネジメントとしても重要である。

4．ダイセル方式とは

ダイセル式生産革新については、前述のとおり生産革新研究会の報告書[1]をはじめとして、いくつかの論文や学会要旨集などにも掲載しているのでそちらも参照していただきたい[2]-[11]。

ダイセル方式は、以下の四つのステップで構成される。

(1) 第0段階：必要性の確認

(2) 第1段階：基盤整備・安定化

(3) 第2段階：標準化

(4) 第3段階：システム化

このうち一つでも省くと真の成果が得られない。この取り組みは、システム化することが目的ではなく、その過程で工場全員の行動を変え、製造現場の基盤を強くすることが目的だからである。本書では、それらのステップにおいて活動を進める上で特に留意する点について述べる。

4－1．第0段階（必要性の確認）

まず、最初に「定常作業負荷」「非定常作業負荷」「仕事の仕方」「コスト構造」の四つの切り口で当該工場の悪さ加減（ムダ、ロス、課題）をミドル層で認識することから着手する。

従来であれば各部門の都合や過去からの経緯で評価していたことを、共通（工場全体、全社、化学業界など）の「ものさし」で評価し直す必要がある。これにより、自分たちのレベルや現状を、共通認識に立って点検ができ、これまでの活動やワークスタイルを否定する機会を得ることになる。

特に「仕事の仕方」を解析する方法として業務総点検手法がある。この

119

手法では、業務フローマップを作成する中で、現状の業務分担や意思決定上の課題（ムダ・ロス・ヌケ）を顕在化するとともに、あるべき業務フローを構築し、役割分担の見直しや意思決定に必要とされる情報が明確になる。この業務総点検で重要なことは、解析を行いながら、工場内（例えば部課長とオペレーター、生産部門と設備管理部門）のコミュニケーションの再構築を行うことである。このコミュニケーションの強化は、第1段階以降のステップを進める上で非常に重要な要素となる。

　最終的に第0段階では、目指す最適化の範囲や統合の姿を決定し、生産革新のマスタープランを作成する。このマスタープランでは、先の四つの切り口で出された現状と目指すべき姿（ビジネスモデル、ワークスタイル、体制、運営、仕組みなど）のギャップを埋めていくためのマイルストーンを作成する。とりわけ、第1段階以降の生産革新活動に進むべきか、ダイセル方式が有効かを見極める段階となる。

　実際に活動を進めるのは、事務局ではなく、ライン長を主体としたミドル層となる。ミドルが主体となり、「自らが現状解析し、否定するものは否定し」「自分たちが、目指す会社・工場の姿は」を議論し尽くし、かつ実行したいというミドルの総意を経営層に提案し、生産革新に踏み切るか否か決断をいただくプロセスを踏む。

4－2．第1段階（基盤整備・安定化）

　第1段階は、実質的な生産革新のキックオフとなる。具体的には、第0段階で明らかになったモノづくりの現場におけるムダ・ロスを徹底的に排除する取り組みである。

　その一つが「定常作業負荷」解析で顕在化した「オペレーター負荷」である。従来からトラブルと認識されていた顕在化不具合のみならず、自主保全や定型化した業務など、当たり前と思っていた業務にもスポットをあて、オペレーターの負荷となっている作業を潜在化不具合として抽出し、

◎解説－ダイセル式生産革新について

それらすべてを合わせた「オペレーター負荷」を共通の「ものさし」とし、このオペレーター負荷の低減度合いを、活動をステップアップするための評価指標とする。このオペレーター負荷低減を実施する上では、以下の点に留意する必要がある。

①　体制を構築する（生産部門と設備管理部門の協業）

②　設備改善ではなく作業改善から着手する（投資を伴わない改善活動）

③　課題発掘から真因解析を実施する中で論理的思考を養う

また、オペレーター負荷低減の実施に先立ち、用語・言語の統一（P&ID、EFDなど）に取り組まなければならない。これは、当たり前のことと思われるが、生産－設備管理両部門のコミュニケーションをスムーズにするだけでなく、図面を活用し、原理原則で議論する風土を養うことが大変重要なことであり、第2段階以降の「標準化」「システム化」を行う上でも、言語の統一や論理的な討議が行われなければ、新たなムダを産むことになる。

さらに、機番やタグナンバーを全社で統一することで生産情報の一元化を行うことができ、業務革新の準備も整う。

統一ルールの作成も重要なポイントである。絶えず「ルールがあるか」「ルールが守られているか」「ルールに問題がないか」の切り口で評価し、これまで漠然としていた風土上の課題を顕在化させなければならない。この統一ルールによる基盤整備活動を実施する中で、当たり前のことを当たり前に実行する風土が醸成する。また、工場内の様々な活動が個別に実施されている場合があるが、例外をなくしすべてを生産革新活動に一本化する必要がある。

4－3．第2段階（標準化）

当初定めたオペレーター負荷の低減が達成されないとこの段階には進めない。負荷が半減以下になり、初めてオペレーターの意思決定フローに着

121

目した運転標準化（定常運転標準化、非定常運転標準化など）を実施する。

　ダイセル方式の運転標準化（例えば定常運転の標準化では総合オペラビリティスタディ手法を構築）は、オペレーターの意思決定プロセスを「安全、安定（量・納期）、品質、コスト」の四つの切り口で解析し、原理原則に立ち返り検証する手法である。

　この手法には、テンプレートが用意されており、オペレーターの意思決定フローを網羅的にまとめあげられる。さらに、システム設計における仕様書にもなる（次の第３段階で活用する）。しかし、目的はそれだけでなく、運転標準化の過程で様々な課題（安全性強化、コストダウン案件など）を抽出し、解決していくことが重要である。現下の原燃料の高騰に対し、やり切り感のある省エネ・省資源活動ではあるが、本手法で運転標準化を実施することで、従来見えていなかった省エネ・省資源のアイテムも多く存在していることがわかる。

　また、総合オペラビリティスタディは、技術スタッフがチームをつくり、オペレーターへのヒアリング形式で進められる（技能認定制を採用しており、合格したスタッフのみが実施できる）。このヒアリングにおいて、ある一定のスピードを要求することがあるが、これはコミュニケーション能力を問うだけでなく、ヒアリングにおけるムダ・ロスをなくすため、スタッフ自らがルールを作成しそれを忠実に守り、生産性をあげるための創意工夫を要求し、この過程でスタッフの行動についてもメスを入れることを目的としている。また、前述の課題発掘およびその解決に向けて自らの技術力が試されるだけでなく、ラインや他部門への依頼・調整などリーダーシップ力が要求される。さらにこの取り組みにおいて、技術者が技能者のノウハウを俯瞰的に顕在化し、かつ設計思想に立ち戻ってノウハウをノウホワイから検証し、真のノウハウを特定する過程で、過去の先輩技術者の設計思想に触れることになり、技術者としての修練といった側面もある。これらは、経済産業省が提唱している「社会人基礎力（前に踏み出す力、考え

◎解説－ダイセル式生産革新について

抜く力、チームで働く力)」を向上させ、コーディネータ人材として育成されることも狙っている[12]。

4－4．第3段階（システム化）

第2段階までに、顕在化し標準化した運転方法や、シンプルにした仕組みを後戻りさせないため、ITを活用した知的生産システムを構築する。

知的生産システムのコンセプトは、「必要なときに、必要な人に、必要な加工度の情報がミエル仕組み」であるが、その基本仕様については、第0段階から第2段階までの各ステップを着実に実行することで、同時に作成されるように手法化されている。

また、システムを運用していく上では、「改造、新設・増設業務と連動し、見直す仕組みを有する」「日々の変調・アラームを反映し、継続的に維持改善する仕組みをもつ」ことを考慮する必要がある。例えば、前述の総合オペラビリティスタディ手法は、現状の運転標準化だけでなく、プラントの改造や新設時の設計精度を向上させることが可能であり、さらに、運転中に発生した変調やトラブル、アラーム内容の検証を行うことができる。

総合オペラビリティスタディの結果がシステム仕様書になると述べたが、システムが完成した後においても、変化点をトリガーに、その都度、総合オペラビリティスタディの結果と対比し、同時に知的生産システムを見直すサイクルを、システムの使い手であるオペレーター自らができるように、エンドユーザーコンピューティングの要素も取り入れている。現場が業務の一貫として取り組む仕組みが重要であり、そうすることで仕組みの維持向上が継続的に行われるものと考える。

5．「生産革新」の成果

革新活動の効果について、網干工場の事例を紹介する。

123

システム構築前に比べ生産性は3倍となり、それで生じた戦力化できる要員を新規事業立上げに活かし、開発のスピードアップや早期立上げに寄与するなど相乗効果をあげることができている。同時に、技術・技能・ノウハウ顕在化によるオペレーションの均質化と誰もが活用できる仕組みを構築し、品質の向上や大幅なコストダウン、増産効果などを得られている。また製造技術の知的財産化も行った。

　さらに、網干工場では、三つのエリア統合（セルロースエリア、有機エリア、エネルギーエリア）が完了し、現在はエネルギーの全体最適運転を実施している。機番の統一を行い、基盤整備や標準化活動に取り組んだ結果、生産システムを統合することですべての情報を同期化できるようになり、それにより工場全体の情報をリアルタイムに把握し、その情報をもとにパワープラント～ユーザープラント最適化による省エネ運転が実現し、

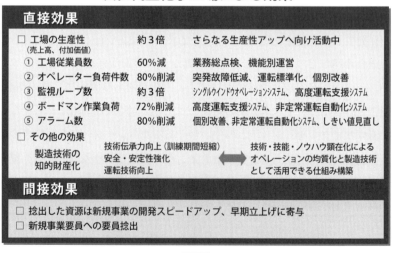

◎解説－ダイセル式生産革新について

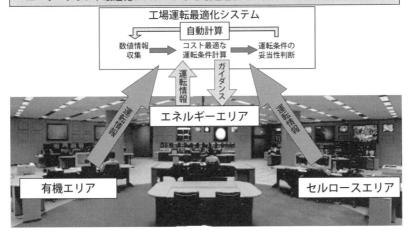

環境負荷低減も図ることができている。

また、網干工場の取り組みの中で、各種の手法を考案し、それを当社の他工場に横展開することで完成度を向上させてきた。確立した手法は、主に課題発掘手法、標準化手法、システム化手法、システム自体（知的生産システム）に分類される。

6．「生産革新」からの展開

網干工場において取り組んだ生産革新を全社のプロセス型生産形態を有する工場に横展開している。

また、生産革新に取り組んだ結果、安定化したオペレーションを実現させたが、オペレーターが変調に遭遇する機会も減少した。それを補うため、OJTの強化として、業務支援型教育システムを構築するとともに、教育訓

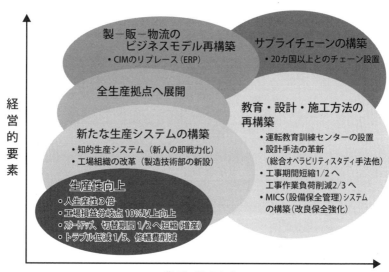

練センターを設立して体験型教育カリキュラムを整備し、シミュレータや小規模実習用プラントで感性を維持向上させるOff-JT(「知識」「経験」「行動」の3要素)にも注力している。

さらに、製-販-物流領域の業務革新を全社・グループ企業に展開した。しかし、知的統合や情報化統合の仕組みを構築して、改革が完成したわけではない。むしろ、ミエル化の基盤ができたと考えている。新たな仕組みで、業務革新を実践することで、本当の意味で改革に着手したといえる。2000年の統合から現在もなお、C(Check)-A(Action)-P(Plan)-D(Do)を廻し、さらなるノウハウの顕在化・標準化に努めている。

7. おわりに

手法を理解し、愚直に実行することから始まるが、地道にやればやるほ

◎解説－ダイセル式生産革新について

ど手段が目的となる場合が多い。道を見失ったと感じたら、そもそも革新を始めた原点に立ち戻らなければならない。原点は、予備調査でミドルの総意として構想したマスタープランである。

　本来は、毎年、少なくとも中期計画のたびに、革新に取り組むことで新たに見えてきたことや、計画の前提となった事業などを取り巻く環境変化をマスタープランに盛り込み、計画のアップデートを実施していくことが大切である。その際に、革新初期メンバーからの世代交代も意識し、新たな担い手で過去のマスタープランを築いた先輩の思いをレビューし、新たに付加すべき要素を次なる担い手の思いとして、マスタープランに自らの思いを吹き込むことも、革新の継続という意味で大変意義あることではないだろうか。

　「ダイセル方式」に限らず、手法は、取り組む全員の認識やアプローチを合わせるきっかけづくりに過ぎない。改革に取り組むメンバー全体のやる気（一歩踏み出す勇気と覚悟）と悩み（愚直な実践と気づきの反復）の総和だけ、革新の到達点もより高くなるのではないだろうかと考えている。

【参考文献】

[1] 生産革新研究会：化学／プロセス産業における革新的生産システムの構築
　　～新たな生産方式の胎動～平成20年3月，経済産業省
　　http://www.meti.go.jp/policy/mono_info_service/mono/chemistry/
　　seisannkakusinnhoukokusyo1.pdf

[2] 山根 啓：化学産業における革新的生産システムの構築，化学経済6月号，
　　Vol.55，No.7，pp.13-19，化学工業日報社（2008）

[3] 小河義美：プロセス製造の効率化と知的統合生産システム，化学経済2月号，
　　Vol.53，No.2，pp.91-98，化学工業日報社（2006）

[4] 馬場孝治、小河義美：次世代型化学工場への挑戦，関西化学工業協会News，
　　No.124，5月7日（2001）

［5］小河義美：技能・技術伝承を支える知的生産システムと教育訓練の構築，化学工学，Vol.69，No.4，pp.178-181，化学工学会（2005）

［6］小河義美、安藤隆彦：次世代型化学工場への挑戦〜その実際と生産革新手法〜、計装，Vol.48，No.7，pp.17-23，工業技術社（2005）

［7］小河義美、安藤隆彦、馬場一嘉：非定常運転支援システムによる化学プラントの運転効率化，計装，Vol.45，No.5，pp.25-28，工業技術社（2002）

［8］馬場孝治、小河義美：「次世代型化学工場への挑戦」，第33回計装技術会議講演要旨集，5.7.1-5.7.8（2001）

［9］小河義美：2007ものづくり革新シンポジウム要旨集，2007.6

［10］小河義美：2008西日本プロセス産業シンポジウム要旨集，2008.2

［11］近畿経済産業局：近畿経済産業局施策広報誌「パワフルかんさい」2008.7 No.466，pp.2-7

［12］産業構造審議会 基本問題検討小委員会報告書：知識組替えの衝撃 〜現代の産業構造の変化の本質〜2008年7月，経済産業省
http://www.meti.go.jp/report/data/g80728aj.html

◎著者略歴

松島　茂（まつしま しげる）

1949年生まれ。
1973年　東京大学法学部卒業
1973年　通商産業省入省
1998年　工業技術院審議官
1999年　中部通商産業局長
2001年　法政大学経営学部教授
2008年　東京理科大学大学院イノベーション研究科教授
現在に至る。

株式会社 ダイセル（かぶしきがいしゃ だいせる）
https://www.daicel.com/profile/history.html　参照

ダイセル式生産革新はこうして生まれた

－ 21世紀のモノづくりイノベーション

松島　茂、株式会社 ダイセル　著

2015年12月22日　初版1刷発行
2020年 1 月14日　初版4刷発行

発行者　織 田 島　　修
発行所　化学工業日報社
〒103-8485　東京都中央区日本橋浜町3-16-8
電話　　03（3663）7935（編集）
　　　　03（3663）7932（販売）
振替　　00190-2-93916
支社 大阪　支局 名古屋、シンガポール、上海、バンコク
HPアドレス　https://www.chemicaldaily.co.jp/

（印刷・製本：平河工業社）
本書の一部または全部の複写・複製・転訳載・磁気媒体への入力等を禁じます。
©2015〈検印省略〉落丁・乱丁はお取り替えいたします。
ISBN978-4-87326-661-9　C0034